Bildernachweis:
Bezirksmuseum Hietzing (27), Otto Fischer (6), Fremdenverkehrsverband für Wien (6), Forst- und Landwirt-
schaftsbetrieb der Stadt Wien (1), Auguste Glasauer (2),
»Kurier«-Zeitungsarchiv (1), Landesbildstelle der Stadt
Wien (29), ORF-Bildstelle (1), Wiener Stadt- und Landesarchiv (2).

© 1977 by Verlag Kurt Mohl, Wien
Alle Rechte vorbehalten
Umschlagentwurf: Richard Röder
Layout: Richard Röder
Gesamtherstellung: Offsetdruck Carl Ueberreuter Ges. m. b. H.,
2100 Korneuburg
ISBN 3-900272-04-2

Christine Klusacek · Kurt Stimmer

HIETZING
ein Bezirk
im Grünen

Verlag Kurt Mohl · Wien

Inhalt

Wiens ältester Siedlungsboden

Der älteste Beweis für die Anwesenheit von Menschen im Wiener Raum wurde 1969 bei Erdarbeiten in der Titlgasse bei der Lainzer Straße gefunden: In einer Tiefe von 1,70 Meter kamen Steinwerkzeuge sowie Roh- und Abfallmaterial aus rotem und grünem Hornstein zutage. Das Alter dieser Funde wird auf 20 000 bis 25 000 Jahre geschätzt. Hier haben also schon in der Altsteinzeit Menschen gelebt. Sie sammelten Früchte und Wurzeln und jagten die Tiere, die damals in den Wäldern des Wiener Beckens lebten – Mammuts, Riesenhirsche mit einem 3,5 Meter ausladenden, schaufelartigen Geweih, Rehe, Auerochsen, Wisente, Füchse und Wildkatzen. In dieser Zeit dürfte das Klima etwa dem heutigen geglichen haben. Die Gletscher der Eiszeit, die auch Teile der Voralpen bedeckt hatten, waren zurückgegangen. Das einst karge, tundraartige Land war von dichten Eichenmischwäldern bedeckt.

Der geologische Aufbau des Wiener Beckens war damals im wesentlichen abgeschlossen. In Hunderten Millionen Jahren hatten sich die charakteristischen Terrassen gebildet, die von der Donau zum Wienerwald emporsteigen und auch im heutigen Stadtbild deutlich erkennbar sind.

VOR 180 MILLIONEN JAHREN

Im Erdaltertum, dem Paläozoikum, vor mehr als 200 Millionen Jahren, gab es im Wiener Raum nur flache Schotterwüsten, es war trocken und warm. Im folgenden Erdmittelalter, dem Mesozoikum, änderte sich die Situation völlig: Meere bedeckten den Boden, auf dem wir heute leben.

Wasser übt eine doppelte Wirkung aus: Es trägt Erdreich ab und lagert es dann an anderer Stelle. Dadurch verändert sich die Struktur des Bodens.

Das älteste Oberflächengestein in unserem Bezirk ist ein dunkelgrauer, von Kalzitadern durchzogener Mergel an der Gemeindeberggasse. Er wurde vor 180 Millionen Jahren vom Jurameer abgelagert, das mit seinen Ablagerungen auch die sogenannten Juraklippen auftürmte, darunter den Roten Berg, den Girzenberg und die Erhebungen des Lainzer Tiergartens.

In der Zeit des Übergangs zum Tertiär, vor rund 70 Millionen Jahren, begann das Meer zurückzugehen, bis schließlich ein Binnenmeer entstand, das Sarmatmeer (benannt nach den Sarmaten, einem südrussischen antiken Nomadenvolk), das vom Wienerwald bis zum heutigen Kaspischen Meer reichte. Das Sarmatmeer hat besonders großen Anteil an der Formung des Wiener Beckens, vor allem durch Flyschablagerungen. Damals entstand auch der Küniglberg. Es war sehr warm, das Klima entsprach etwa dem von Kairo oder Rio de Janeiro.

VULKANE

Bei der Formung unseres Bezirkes haben auch Vulkane eine große Rolle gespielt. Vor allem in der Gegend des Hörndlwaldes wurden zahlreiche Spuren vulkanischer Tätigkeit gefunden. Besonders interessant ist eine »Ausblasungsspalte« beim Ende der Jenbachgasse, die 270 Meter lang und bis zu 130 Meter breit ist und viel vulkanisches Gestein, Tuffite und Pikrite, enthält. Ein mächtiger Pikritgang wurde bei Erdarbeiten in der Löfflergasse 53 gefunden. Im Hörndlwald fand man auch sogenannte »Vulkanbomben«, das ist Gestein, das glühend heiß unter hohem Druck ausgestoßen wurde und sich dabei zu einer Kugel verformte.

Vor etwa 10 Millionen Jahren stieg das Meer nochmals stark an und überflutete den ganzen heutigen 13. Bezirk. Damals wurden die Sandsteine aufgetürmt, auf denen die Gloriette steht.

Das Wasser ging wieder zurück, es wurde zu Brackwasser und gab schließlich das Land Stück um Stück frei. Mächtige Flüsse, vor allem die Ur-Donau und die mehrere hundert Meter breite Ur-Wien, arbeiteten weiter am Boden, vor allem durch die Ablagerung von Schotter. Die Menschen der Altsteinzeit befanden sich hier jedenfalls in einer recht unwirtlichen Gegend. Die Raubtiere in den dichten Urwäldern bildeten eine ständige Gefahr. Die großen, in mehrere Arme geteilten Flüsse mit ihren Stromschnellen, ihrer oft rasch wechselnden Tiefe und ihren Raubfischen waren praktisch unüberwindliche Hindernisse.

Trotzdem waren auch in der mittleren Steinzeit, die vor etwa 6000 Jahren zu Ende ging, die Höhen des 13. Bezirks bewohnt. So wurden zum Beispiel auf dem Wiesenhang vom Hörndlwald steinerne Klingen, Schaber und Pfeilspitzen gefunden. Die Menschen, die diese Werkzeuge hergestellt hatten, waren Nomaden, die von der Jagd, vom Fischfang und vom Sammeln von Kräutern und Wurzeln lebten.

DIE ERSTEN BAUERN

Erst in der Jungsteinzeit, vor etwa 5000 Jahren, wurden die Menschen seßhaft. sie lernten den Ackerbau und die Haltung von Rindern, Schweinen und Ziegen. Pferde, Hunde und Katzen wurden zu Haustieren domestiziert. Zugleich entwickelte sich die Arbeitsteilung zwischen den Geschlechtern, die dann für Jahrtausende galt: Die Frauen kümmerten sich um die Kinder, die Haustiere und den Haushalt, die Männer besorgten den Ackerbau, die Jagd und den Fischfang, ihnen oblag auch die Verteidigung gegen Feinde.

Aus dieser Zeit gibt es besonders viele Funde im 13. Bezirk, vor allem Steinwerkzeuge, aber auch Keramik, die anfangs durch Einkerbungen, gegen Ende der Steinzeit immer mehr durch Bemalung verziert wurde. Besonders reichhaltig waren solche Funde im Schönbrunner Schloßpark, auf dem Gemeindeberg und auf dem Roten Berg, weitere Funde gab es auf dem Girzenberg, im Hörndlwald, in der Jagdschloßgasse, auf dem Küniglberg, in der Lainzer Straße (bei der Konzilsgedächtniskirche), in der Wenzgasse, auf dem Trazerberg, in der Auhofstraße und in der Fichtnergasse. Am Gemeindeberg wurden Wohngruben entdeckt; aus den Funden läßt sich schließen, daß dort eine Steinschlägerwerkstätte bestand. Auch im Bereich der evangelischen Kirche in der Jagdschloßgasse wurden außer Hüttenlehm und Werkzeugen auch Abschläge von der Werkzeugherstellung gefunden, so daß auch hier die Annahme einer Werkstätte gerechtfertigt ist.

Diese Häufung von Funden gibt Anlaß zur Vermutung, daß sich in der Jungsteinzeit im Raum Hietzing–Lainz ein wichtiges Siedlungszentrum befand.

BRONZE- UND EISENZEIT

Es war sicher von Bedeutung, daß Material für die Herstellung von Steinwerkzeugen im Hietzinger Raum reichlich vorhanden war. Als die Menschen vor fast 4000 Jahren lernten, Bronze herzustellen, und als schließlich um 800 v. Chr. das Eisen zum wichtigsten

Material für Werkzeuge und Waffen wurde, fehlten hier die nötigen Rohstoffe. Die Besiedlung dürfte deshalb zurückgegangen sein. Jedenfalls sind Funde aus diesem Zeitraum weit spärlicher.

Aus der Bronzezeit wurden Ecke Hummelgasse und Beckgasse eine Lanzenspitze, im Wienflußbett bei Ober St. Veit ein Beil und beim Hirschstein im Lainzer Tiergarten eine Sichel gefunden.

Aus der frühen Eisenzeit gibt es nur einen bedeutenden Fund: Im Bereich Spohrstraße–Schrutkagasse–Tolstoigasse wurde 1910 ein Grab aus der La-Tène-Zeit (etwa 400 bis 100 v. Chr.) entdeckt, in dem ein Eisenschwert, ein eisernes Haumesser, eine eiserne Lanzenspitze, zwei Keramikschalen, ein Messerbruchstück und mehrere Tonscherben waren. Damals siedelten hier Kelten.

DIE RÖMER

Um 15 v. Chr. drangen die Römer erstmals bis Wien vor und gründeten hier schließlich im 1. Bezirk das Militärlager Vindobona, an das sich die Zivilstadt im 3. Bezirk schloß. Die wichtigste römische Reichsstraße – als Militär- und Handelsstraße – führte durch das Wiental nach Hietzing, von dort nach Lainz und entlang dem Wienerwald nach Mauer, Perchtoldsdorf und Baden.

Durch den 13. Bezirk verlief aber auch die Wasserleitung, mit der Vindobona und die Zivilstadt versorgt wurden. Sie war eine für die damaligen technischen Möglichkeiten grandiose Leistung, die auch eine gute Kenntnis der geologischen Voraussetzungen beweist. Bei Laab im Walde und bei Perchtoldsdorf wurden Quellen gefaßt. Von dort führte die Wasserleitung, die aus innen verputztem Bruchsteinmauerwerk bestand und mit Steinplatten abgedeckt war, über Liesing zum

Rosenhügel und dann durch den Schönbrunner Fasangarten ins Wiental. Sie genügte für die Versorgung von 15 000 bis 20 000 Menschen.

Entlang der römischen Reichsstraße gab es kleine Ansiedlungen und militärische Wachposten. In der Sauraugasse wurden vier Gräber gefunden. In zweien befanden sich komplette Steinsarkophage, in den beiden anderen Steinkisten mit Boden aus Ziegelplatten und Lehm. Grabbeigaben waren Keramik, Glasfläschchen und zwei Bronzemünzen des Marc Aurel und der Kaiserin Helena. In der Veitingergasse, kurz vor der Gabelung mit der Roter-Berg-Gasse, wurden Fundamente eines großen Gebäudes aus der Römerzeit, drei Ziegelstücke mit dem Stempel der X. Legion (die in Vindobona lag) sowie ein Grab mit Brechsteinwänden, in dem das Skelett eines Kindes lag, entdeckt. In der Lainzer Straße 119 wurden in 1,2 Meter Tiefe Reste eines Mosaikbodens freigelegt, daneben in 1,5 Meter Tiefe eine Wasserleitung, mit Ziegeln ausgelegt und mit Zement verputzt, 50 cm tief und breit. Bronzeplastiken und Münzen wurden außerdem in der Münichreiterstraße, am Gemeindeberg und am Roten Berg gefunden.

AWARENGRÄBER

Der Zusammenbruch des Römischen Reiches bescherte dem Wiener Raum ein wechselhaftes Schicksal mit ständigen Kriegswirren. Verschiedene Völker zogen hier durch und siedelten meist auch kurzfristig – Rugier, Langobarden, Hunnen, Slawen, Magyaren, das Heer Karls des Großen, wieder die Ungarn.

Wir wissen nur wenig darüber. Für etwa 700 Jahre versinkt das Schicksal Wiens fast völlig im Dunkel der Geschichte.

Man kann allerdings annehmen, daß der Bereich des 13. Bezirks auch in dieser turbulenten Zeit immer besiedelt war. Dafür sprechen neben dem Vorhandensein relativ bedeutender Orte im 12. Jahrhundert und den Ortsnamen auch verschiedene Ausgrabungen. Die bedeutendste darunter ist ein Awarengrab in der Spohrstraße, das beim Bau der Verbindungsbahn 1860 entdeckt wurde. In dem Grab befanden sich Menschen- und Pferdeknochen. Man nimmt an, daß hier wahrscheinlich vier Reiter mit ihren Pferden und eine nicht feststellbare Zahl von Frauen bestattet wurden. Wertvolle Grabbeigaben, zum Teil aus Gold oder aus schwer vergoldeter Bronze, wurden ausgegraben, darunter Pferdegeschirr, ein Säbel, eine Glocke, Reste eines Gürtels mit pflanzlichen Motiven, Tongefäße, Glasperlen, Ringe, Knöpfe, Schnallen und Bronzezierscheiben mit Glaseinlagen. In diesem Awarengrab lag außerdem eine geflochtene eiserne Schwertkette aus der La-Tène-Zeit.

In unmittelbarer Nähe, bei dem bereits ewähnten Grab aus der La-Tène-Zeit, wurden 1910 Reste von sechs weiteren Awarengräbern entdeckt, in denen allerdings die Grabbeigaben (Keramik, Tonperlen, Eisenmesser und eine Eisenschnalle) weit weniger kostbar waren. Man kann daraus schließen, daß im zuerst gefundenen Gräberfeld die Familienmitglieder einer führenden Persönlichkeit des asiatischen Reitervolkes bestattet wurden, im zweiten Gräberfeld vielleicht Bediente. Beide Gräberfelder dürften etwa 1200 Jahre alt sein.

Der Wienfluß

Was heute meistens ein unscheinbares Gerinne in einem breiten und tiefen Betonbecken ist, war einst ein mächtiger Strom, der zur Formung des Geländes im 13. Bezirk viel beigetragen hat, aber auch viel Leid über die Bewohner des Ufers brachte.

In vorgeschichtlicher Zeit war der Wienfluß mehrere hundert Meter breit, mächtiger als der heutige Donaustrom. Noch im vorigen Jahrhundert war das Flußbett bis zu 285 Meter breit, aber sehr flach.

124 BÄCHE

Der Fluß entspringt am Nordhang des Kaiserbrunngebirges bei Rekawinkel im Wienerwald in 620 Meter Seehöhe als »Dürre Wien« (»dürr« von »dier«, was träge oder langsam bedeutet). Nach der Vereinigung mit dem Pfalzauer Bach heißt das Gerinne »Wienfluß«. Auf seinem Weg nimmt der Wienfluß das Wasser von 124 Bächen auf. Im Wiener Stadtgebiet sind das von links der Weidlingbach, der Tullner Bach, der Halterbach und der Rosenbach, von rechts der Brentenbach, der Wolfsgrabenbach, der Dambach, der Baunzenbach, das Rotwasser, der Grünauer Bach und – als bedeutendster Zufluß – der Lainzer Bach.

Das Bett des Wienflusses und der meisten Zuflüsse ist lehmig. Lehm wird, wenn er sich mit Wasser vollgesogen hat, wasserundurchlässig. Das wirkt sich bei starken Niederschlägen verhängnisvoll aus: Der Wienfluß, der bei Trockenheit nur 0,2 bis 0,3 Kubikmeter Wasser pro Sekunde führt, kann innerhalb weniger Stunden auf 600 Kubikmeter pro Sekunde anschwellen.

Bei Hochwasser hat der Wienfluß am ungeregelten

Oberlauf den Charakter eines reißenden Gebirgsbaches. Das ergibt ich aus dem starken Gefälle, das von der Quelle bis Preßbaum 43‰ beträgt. Im Hietzinger Bereich sinkt das Gefälle auf 6‰, wodurch sich bei Hochwasser ein ungemein starker Druck des mit großer Geschwindigkeit aus den Wienerwaldbergen kommenden Wassers ergibt.

Diese Umstände führten in den vergangenen Jahrhunderten immer wieder zu schweren Hochwasserkatastrophen für die Bewohner der Uferbereiche, aber auch zu Veränderungen des Flußlaufs und der Ufer.

Schon die Römer versuchten vor fast zwei Jahrtausenden, durch die Anlegung von Wehren und Staubecken den Wienfluß zu entschärfen. Den ältesten Bericht über Hochwasserschäden im Raum Hietzing besitzen wir aus dem Jahre 1445. Damals wurden Felder und Weingärten im weiten Umkreis verwüstet. 1630 bahnte sich der Fluß bei Hochwasser einen neuen Weg. Da die Chroniken melden, daß dabei einige Häuser in Penzing für immer verschwanden, ist anzunehmen, daß bis dahin die damals bestehenden Siedlungen Hietzing (heutige Altgasse) und St. Veit (vom Wolfrathplatz in Richtung zum Wienfluß) näher beim Fluß lagen als nach diesem Hochwasser.

IN DEN KÜCHEN VON SCHÖNBRUNN

Es gibt keine Berichte darüber, daß Häuser der Dörfer im jetzigen 13. Bezirk in der Folgezeit überschwemmt wurden, doch wurden immer wieder die Felder und Wiesen, die zwischen den Siedlungen und dem Wienfluß lagen, durch Hochwasser schwer geschädigt, nach vorliegenden Berichten in den Jahren 1670, 1711, 1732, 1741, 1768, 1770, 1771, 1774, 1777, 1779, 1783, 1784,

17

1785, 1811, 1816, 1819, 1821, 1828, 1847, 1851, 1867, 1872 und 1875. Am ärgsten dürfte es 1774 gewesen sein, als das Wasser bis in die Küchen von Schönbrunn drang, und 1785, als das Wasser infolge eines Wolkenbruchs in zehn Minuten um neun Meter stieg und in einer Höhe von zwei Metern durch das Erdgeschoß von Schönbrunn strömte.

Die letzten großen Hochwasser gab es im Juli 1897, als nach dreitägigen Unwettern die Wien zum reißenden Fluß wurde und die Stadtbahnbaustellen verwüstete, und im April 1900, als vom Hochwasser das für den Stadtbahnbau gelagerte Baumaterial weggerissen wurde.

DIE REGULIERUNG

Natürlich gab es immer wieder Bemühungen, die Kraft des Flusses zu bändigen. Schon 1713 hatte Adam Gußmann ein Projekt dafür ausgearbeitet, für seine Realisierung gab es jedoch kein Geld. 1781 legte der Architekt Wilhelm Bayer einen Plan vor, der unter anderem die Anlegung von Wasserbecken und die Bepflanzung der Ufer vorsah. Obwohl sogar Kaiser Joseph II. diesem Projekt zustimmte, wurde es nicht verwirklicht. Lediglich in der Nähe der Stadtmauern wurde durch Sträflinge das Flußbett tiefer gegraben.

Die erste wirksame Regulierung, allerdings nur auf der Strecke von Schönbrunn bis zum heutigen Donaukanal, wurde 1814 bis 1817 durchgeführt: Das Flußbett wurde vertieft, die Uferböschungen wurden gepflastert.

Die endgültige Regulierung und teilweise Einwölbung der Wien, wie wir sie heute kennen, erfolgte erst in den Jahren 1894 bis 1901, zugleich mit dem Bau der Stadtbahn.

FISCHE UND KREBSE

Bis vor etwa 200 Jahren war der Wienfluß reich an Fischen, an seinen Ufern gab es Scharen von Flußkrebsen. Fische und Krebse waren ein wichtiger Bestandteil des Speisezettels der Bauern von Hacking, St. Veit und Hietzing und jedenfalls viel häufiger auf dem Tisch als das kostbare Fleisch.

Gegen Ende des 18. Jahrhunderts siedelten sich an der Wien, vor allem auch in Unter St. Veit, Wäscher, Gerber und Färber an, die ihre Abwässer in den Fluß leiteten. Das gleiche machten die in den folgenden Jahrzehnten entstehenden Fabriken, aber auch die Abwässer und Abfälle der wachsenden Zahl von Einwohnern der Orte am Fluß landeten in der Wien.

Schon im Jahre 1812 beklagte der Schriftsteller und Schauspieler Franz Karl Gewey in seinem Buch »Komische Gedichte über die Vorstädte Wiens« den Zustand des Wienflusses:

Was deine Nachbarn nicht im Hause dulden –
Das dringen sie dir schmählich auf.
Du wirst oft lästig, ohne dein Verschulden,
Und olivenfarbig ist dein Lauf.
Zum Höllenfraße ganz dich umzustalten,
Vermaß sich dieser Frevler Hohn:
Du bist der Styx, der Phlegethon der Alten.

Als 1830/31 in Wien die Cholera grassierte, wurden beiderseits der Wien Kanäle gebaut, die sogenannten Cholera-Kanäle, die den Unrat der Orte am Fluß aufnehmen sollten. Bei höherem Wasserstand kam es allerdings zu einem Rückstau in diesen Kanälen, die Verschmutzung der Wien wurde noch ärger.

Der Fischfang in der Wien war um diese Zeit bereits vorbei. Die letzten Flußkrebse wurden ebenso wie im übrigen Europa in den folgenden drei Jahrzehnten durch eine bis heute nicht enträtselte Krankheit, die Krebsenpest, ausgerottet.

UNAUSSTEHLICHER GERUCH

Im alten Hietzinger Heimatbuch berichtet Alfred Feichtinger:»Das Wasser war bis Mariabrunn rein und ungetrübt, aber von Hütteldorf an wurde es bis zur Mündung in den Donaukanal derart verunreinigt, daß noch im Jahre 1873 Kameral-Ingenieur Huber klagte, der Wienfluß sei voller Unrat und stinkend, denn viele tote Tiere lägen in demselben, und der städt. Sanitätsbeamte Pock erklärte, das Wohnen am Wienflusse sei schädlich, die Ausdünstung des Wassers errege Fäulnisfieber und ansteckende Krankheiten. Bildete doch die Wien den Abzugskanal für die dorthin geleiteten Abwässer (Kloaken) der Häuser, einzelner Fabriken, Färbereien, Wäschereien und Gerbereien. Zeugen der starken Verunreinigung waren die häßliche Farbe und der stellenweise unausstehliche Geruch.«

Aus seiner Erinnerung heraus sieht der 1879 geborene Ober St. Veiter Julius Hirt in seiner »Chronik von Ober St. Veit« die Dinge freundlicher:»Der Wienfluß war vor seiner Regulierung für die Jugend ein großes Feld für verschiedene Umtriebe. Es mußten die Kinder Geflügel, Gänse und Enten in den Wienfluß treiben, die Ziegen weideten an der Grasböschung und wurden an das Gesträuch angebunden. Die Buben haben einstweilen mit den Taschentüchern im Fluß gefischt, größere Fische waren nicht vorhanden, und haben sie dann in Marmeladegläsern nach Hause gebracht, wo sie am nächsten Tag umgekommen sind. Alle diese Freuden bestehen heute nicht mehr für die Jugend.«

MÜHLEN

Im heutigen 13. Bezirk gab es am Wienfluß einstmals zahlreiche Mühlen. Unter ihnen waren im Gebiet des jetzigen Schönbrunner Schlosses die Kattermühle, dann an der Stelle des jetzigen Kaiserstöckels am Rande von Schönbrunn, wo jetzt das Postamt untergebracht ist, die Schleifmühle, eine Mühle in der jetzigen Testarellogasse und schließlich zwei nicht genau lokalisierbare Mühlen in Ober St. Veit, die schon 1591 urkundlich genannten Mühlen »im Gern« und »Gottesveld«.

Noch im Protokoll zur Katastralmappe von 1820 scheint eine Feldmühle auf, die Ignaz Baron Leykam zu Wien, Wirtschaftsrat beim Fürsten Liechtenstein, gehörte. Sie stand vermutlich am Ende der heutigen Feldmühlgasse zur Wien hin. 1751 ist eine »Faistmühle genannt in der Gern« verzeichnet, die Franz von Churfeld gehörte, der bei der Mühle eine offenbar nur kurzlebige Seidenfabrik betrieb. Vermutlich im Zusammenhang damit und um allgemein die Seidenfabrikation in Wien zu fördern, ließ Kaiserin Maria Theresia entlang der Wien Maulbeerbäume pflanzen, von denen einzelne noch bis in die Zeit zwischen den beiden Weltkriegen standen. Im Protokoll von 1820 ist nur mehr die Bezeichnung »Faistmühle« als Parzellenname enthalten, aber es gab offenbar keine Mühle mehr. Die Mühle in der Testarellogasse hingegen scheint noch als Eigentum des Müllers Michael Pfannel auf. Wann die Mühlen stillgelegt wurden, kann nicht mehr festgestellt werden, es dürfte jedoch bald nach 1820 gewesen sein.

BRÜCKEN

Am Beginn des vorigen Jahrhunderts gab es im Bereich von Hietzing zwei Brücken über den Wienfluß: die heutige Schönbrunner Brücke, die damals Maria Theresien-Brücke genannt wurde, zwischen Winckelmannstraße und Grünbergstraße – und die heutige Kennedybrücke. Wo heute die Kennedybrücke den 13. und den 14. Bezirk verbindet, befand sich seit alters her eine Furt, über die schließlich ein Holzsteg gebaut wurde. Er wurde durch eine für die damalige Zeit hochmoderne Kettenbrücke ersetzt, die zu Ehren der Kaisersgattin »Maria Annen-Brücke« genannt und am 17. April 1843 eröffnet wurde. Vierzig Jahre später war diese Brücke dem zunehmenden Verkehr nicht mehr gewachsen. An ihrer Stelle wurde 1888 eine Eisenkonstruktion über die Wien gebaut, die den Namen des Kaisers erhielt: »Kaiser-Franz-Josephs-Brücke«. Nachdem die Habsburger abgedankt hatten und Österreich Republik geworden war, erhielt die Brücke 1920 den Namen »Hietzinger Brücke«.

Die Hietzinger Brücke wurde nach dem Zweiten Weltkrieg zu einem Brennpunkt des Verkehrs. In der Stadtbahnstation Hietzing wurden täglich bis zu 45 000 Fahrgäste gezählt. Ein großer Teil von ihnen stieg im Brückenbereich auf andere Verkehrsmittel um und mußte damit die stark befahrene Straße passieren. Der Wiener Gemeinderat beschloß deshalb den Neubau der Brücke. Er wurde in den Jahren 1961 bis 1964 durchgeführt. Das Brückentragwerk wurde auf 90 Meter verbreitert, Straßenbahn- und Autobushaltestellen wurden so angeordnet, daß das Umsteigen ohne Überqueren der Autostraßen möglich ist. Der Umbau erforderte den für die damalige Zeit hohen Aufwand von 60 Millionen Schilling. Die neue Brücke wurde nach dem ermordeten amerikanischen Präsidenten John F. Kennedy benannt.

FURTEN

Zur Zeit Maria Theresias gab es im Hietzinger Bereich noch keine Brücken über den Wienfluß, sondern nur einige Furten. Die älteste, im Bereich der Kennedy-Brücke, wurde sicher schon zur Römerzeit benutzt, vermutlich aber bereits viel früher. 1130 wird eine »Wiennevurt« urkundlich genannt, über deren genaue Lage verschiedene Theorien bestehen. Manche Historiker vermuten sie in der Verlängerung der Preindlgasse, wahrscheinlicher ist jedoch, daß sie zwischen Hacking und Hütteldorf verlief, etwa auf der Höhe der Seuttergasse. Dafür spricht auch, daß dort die »Festung Hacking« gebaut wurde, die den Weg durch das Wiental nach Wien sperren sollte. Sie hätte, wenn man die Lage der Furt bei der Seuttergasse annimmt, auch diese wichtige Verbindung unter Kontrolle gehabt.

Das Dorf Hietzing

Im Bereich der heutigen Kennedy-Brücke bestand von alters her eine Furt durch den Wienfluß. Dort verlief auch die römische Straße von Wien über Lainz nach Mauer und Perchtoldsdorf. Nahe der Furt entwickelte sich sehr früh eine Ansiedlung: Hietzing.
Die Endung -ing bedeutet »Ansiedlung« und weist darauf hin, daß der Ortsname bereits in der karolingischen Zeit gebildet wurde, also vor der Besetzung dieses Gebietes durch die Ungarn, die nach der Reiterschlacht bei Preßburg im Jahre 907 erfolgte.

Der Ortsname ist offenbar von dem Vornamen »Hiezo« oder »Hezzo« abgeleitet, einer Kurzform des Namens Heinrich, die vom niederen Adel gebraucht wurde. »Hietzing« ist also vermutlich die »Siedlung des Heinrich«, der Ortsname wurde wahrscheinlich im 8. oder 9. Jahrhundert gebildet.

Urkundliche Erwähnungen des Ortsnamens wurden allerdings erst aus späterer Zeit gefunden. Im Traditionsbuch des Stiftes Klosterneuburg, das in dieser Gegend Grund besaß, wird im Jahre 1130 ein Rupertus de Hezingen genannt. In der gleichen Dokumentensammlung scheinen in der folgenden Zeit bis 1170 die Namen Ulricus de Hizzinge, Rudlo de Hiezinge und Wolfger de Hiezingen auf.

IN DER ALTGASSE

Im Jahre 1253 überließ der Deutsche Orden (der spätere Deutsche Ritterorden) seine Besitzungen in Hietzing, einen Gutshof und eine Kapelle, dem Stift Klosterneuburg im Tausch gegen Besitzungen in Stockstall, Ziersdorf und Dürnbach. Fünf Jahre später wurden die bestehenden Anwesen erstmals genau registriert. Hietzing war damals ein Gassendorf entlang der heutigen Altgasse. Es gab acht Höfe tributpflichtiger Bauern und sieben andere Häuser, von denen sechs vermutlich von Weinbergarbeitern bewohnt waren, während das siebente leer stand. Anstelle der heutigen Pfarrkirche stand eine Kapelle, zu der auch zwei Weingärten gehörten.

Der Weinbau bildete damals und in den folgenden Jahrhunderten die wichtigste Einnahmequelle der Hietzinger. Die Weingärten befanden sich im Bereich zwischen dem Tiergarten Schönbrunn und der Lainzer Straße. Für den Eigenbedarf wurden Heu, Gerste, Hafer,

Rüben, Kraut und Gemüse angebaut. Schafe und Ziegen, vielleicht auch schon Rinder, weideten zwischen der Altgasse und dem Wienfluß sowie in den angrenzenden Teilen des Schönbrunner Schloßparks.

Bis zum Jahre 1340 brachte das Stift Klosterneuburg den ganzen Ort in seinen Besitz. Hietzing, wo bereits 12 Joch Weingärten registriert wurden, unterstand nun dem Officium Meidling.

Im 15. Jahrhundert wurden die gerodeten und urbar gemachten Flächen stark ausgedehnt, mehrere verschiedene Familiennamen scheinen bereits in den Büchern auf: Pehaim (Böhm), Purchicher, Steglinger, Chirchstetter (Kirchstetter), Scholastica, Meindel, Pawr (Bauer). Der Ort bestand aus mindestens 16 Häusern, noch immer um die Altgasse konzentriert. Unter den Bewohnern scheinen auch Steinbrecher auf, es gab also im Ortsbereich eine Steingrube. Ortszentren waren der »große« und der »kleine Hof«.

KRIEGE UND SEUCHEN

Der habsburgische Bruderkrieg und dann die Kämpfe mit den Ungarn unterbrachen diese Aufwärtsentwicklung. 1481 zerstörten ungarische Truppen die Kapelle, aber auch die kaiserlichen Truppen haben arg gewütet. Vermutlich wurde der ganze Ort zerstört, denn bis 1493 scheint Hietzing in den Dokumenten des Stiftes Klosterneuburg nicht mehr auf und dann ist von mehreren verödeten Anwesen und Weingärten die Rede.

Um die Jahrhundertwende setzt ein neuer Aufschwung ein. Das Klosterneuburger Besitzverzeichnis von 1521 hält fest, daß es wieder 15 bewirtschaftete Höfe gibt, daß Hietzing eine eigene Kirche hat, die der Pfarre Penzing untersteht, und daß es zum Landgericht »Sand Veit«

gehört. Penzing und St. Veit waren damals also zweifellos die bedeutenderen Orte.

Der Türkensturm gegen Wien im Jahre 1529 brachte wieder einen schweren Rückschlag. Der Chronik ist zu entnehmen, daß der Bauer Hanns Egker von den Türken erschlagen, seine Frau und die beiden Kinder Anderl und Bärbel verschleppt wurden: Neun Häuser werden als zerstört und verwaist registriert. Das Stift Klosterneuburg als Grundherr suchte Bauern, die diese Höfe übernahmen und gewährte ihnen für drei Jahre Zinsfreiheit.

WEINEXPORT

Das 16. Jahrhundert brachte den Höhepunkt in der Geschichte des Weinbaus im Wiener Raum. Der Grund dafür war, daß die großen und qualitativ führenden Weinbaugebiete in Ungarn von den Türken besetzt und teilweise verwüstet waren. Wein aus dem Wiener Raum wurde nun bis nach Polen und nach Norddeutschland exportiert. Der Weinbau wurde so lukrativ, daß immer neue Flächen für Weingärten gerodet und Äcker in Weingärten umgewandelt wurden. Da diese Entwicklung die Produktion der Grundnahrungsmittel beeinträchtigte, wurde 1527 durch kaiserlichen Erlaß die Umwandlung von Äckern in Weingärten verboten.

Vom 30jährigen Krieg war Hietzing nicht direkt betroffen, aber der Ort litt wirtschaftlich schwer. Die Kriegswirren unterbanden den Weinexport, die Bauern verarmten. Vor dem Krieg machte man aus Äckern Weingärten, während des Krieges wurden zur Sicherung der eigenen Versorgung aus den Weingärten wieder Äcker. Die Bevölkerung litt unter den Gewalttaten von Räuberbanden und unter Seuchen.

WALLFAHRTSORT

Die beiden größten Anwesen des Ortes, der große und der kleine Hof, waren um diese Zeit Eigentum des Natalda Paolo, Kurier (Gesandter) des Königs von Ungarn und Polen. 1657 verkaufte er die Besitzungen um 1800 Gulden dem Stift Klosterneuburg.

Hietzing wurde damals zum Wallfahrtsort: Die Pilger kamen aus Wien und der näheren Umgebung zur sagenumwobenen Marienstatue der Kirche. Zu ihrer Unterbringung wurden die neu erworbenen Höfe in ein »Herrenhaus« (für die Klosterneuburger Chorherren) und ein Gemeindegasthaus (für die Pilger) umgebaut. Der Aufschwung dauerte allerdings wieder nur kurze Zeit. 1679 forderte die Pest zahlreiche Todesopfer. 1683, als die Türken zum zweiten Mal Wien belagerten, dürfte Hietzing völlig zerstört worden sein. Ein großer Teil der Bewohner ist vermutlich ums Leben gekommen, denn nach Abzug der Türken war mehr als die Hälfte der Hofstätten verwaist. Der Weinbau wird in den Klosterneuburger Büchern als »völlig ruiniert und verderbt« bezeichnet.

Noch im Jahre 1702 werden nur dreizehn bewohnte Häuser ausgewiesen. 1730 wütete neuerlich die Pest in Hietzing.

Hietzing war um diese Zeit ein ärmliches Dorf von Akkerbauern, die kaum genug für den eigenen Bedarf erzeugen konnten. Nur im Bereich der Maxingstraße gab es mittelguten Ackergrund, sonst durchweg schlechten. Die ebenerdigen Häuser waren aus Holz und Lehm, Hauptnahrungsmittel waren Brotfladen aus Getreide und Wasser.

WANDEL ZUM VILLENORT

Der Umschwung kam, als Maria Theresia Schloß Schönbrunn zu ihrem Sommersitz ausgestalten ließ. Das brachte den Hietzingern zusätzliche Arbeits- und Liefermöglichkeiten, außerdem wurde geringwertiger Grund für den Schloßpark angekauft.

Vor allem aber wurde Hietzing durch die Nähe zum kaiserlichen Hof attraktiv für den Adel und für Reiche, aber auch für Handwerker und Bediente, die hier Arbeit fanden. Es setzte eine starke Bautätigkeit ein, aus den minderwertigen Äckern und Wiesen wurde wertvolles Bauland. 1787 bestand Hietzing aus 29 Häusern. In den folgenden zehn Jahren wurden 21 Baubewilligungen erteilt, dann bis 1806 sogar 76.

Die Verbauung konzentrierte sich zuerst auf die Hietzinger Hauptstraße, dann auf die Maxingstraße und die Lainzer Straße. Der Grundpreis war vom Stift Klosterneuburg einheitlich mit 30 Kreuzer für den Quadratklafter festgelegt (was bedeutet, daß ein Quadratmeter etwa so viel wie zwei Stundenlöhne eines qualifizierten Arbeiters oder etwa 5 kg Brot kostete), außerdem war dem Baumeister Johann Walchshofer, dem die Vermessung der Gründe und die Bauaufsicht oblagen, 1 Kreuzer pro Quadratklafter zu bezahlen. Der Bauplan mußte von der Grundherrschaft genehmigt werden. Mit der Verbauung war binnen einem Jahr zu beginnen, sonst wurde der Grundkauf rückgängig gemacht.

Die Straßen wurden von der Grundherrschaft gebaut, mußten jedoch von den Anrainern erhalten werden. Damals entstanden unter anderem die Wattmanngasse, die Trauttmansdorffgasse, die Maxingstraße, die Gloriettegasse, die Woltergasse, die Tiroler Gasse und die Mittermayergasse.

FAST KEINE INDUSTRIE

Im Gegensatz zu anderen Vororten Wiens, etwa den Nachbarorten Meidling und Penzing, gab es in Hietzing fast keine industrielle Entwicklung. Es entstanden nur zwei kleine Betriebe, eine Wachsleinwandfabrik auf dem Küniglberg und eine Essig- und Likörfabrik in der Wattmanngasse.

Dafür gab es beliebte Treffpunkte für Leute, die sich's leisten konnten – das Dommayer-Kasino, das Theater, den Schönbrunner Schloßpark mit dem Tiergarten und ein Bad mit Waschhütte am Wienfluß.

Eipeldauer schrieb im Jahre 1800: »Von Schönbrunn bin ich auf Hizing hinüber gangen. Aus dem Dorf wolln sie jetzt eine Stadt machen.«

Aus dem Bauerndorf wurde keine Stadt, sondern ein Villenort. Es siedelten sich vor allem Adelige, Hofbedienstete und reiche Wiener Bürger an. Im Jahre 1819 sind nur mehr 12 Prozent der Gründe im Besitz von Ortsansässigen, 44 Prozent gehören Wienern, der Rest ist öffentliches oder kirchliches Eigentum. Die Ortsansässigen sind überwiegend Handwerker (Bäcker, Schneider, Fleischhauer, Schuster, Schmied) oder arbeiten im Schloß Schönbrunn (Gärtner, Lakaien, Maurer). Im ersten Drittel des vorigen Jahrhunderts kamen noch ein Wundarzt, die Apotheke zur Heiligen Dreifaltigkeit, mehrere Gastwirte und ein Uhrmacher dazu.

SOMMERFRISCHE

Die neuen Häuser waren durchweg einstöckig: Ebenerdig war die Dienerschaft zu Hause, im ersten Stock die Herrschaft. Das Hietzinger Leben konzentrierte sich auf den Sommer, es gab mehr Sommerbewohner als ganz-

jährige. Hietzing wurde zur Sommerfrische der Wohl-
habenden: Die Reichen hatten ihre eigenen Sommerhäuser, der gehobene Mittelstand mietete ein Haus,
eine Wohnung oder wenigstens ein Zimmer, alles kom-
plett möbliert. Beispiele dafür bieten zwei Anzeigen in
der »Wiener Zeitung«:

»In Hizing in der Schmidgasse ist in dem Haus Nr. 136
eine schöne und vollkommen meublierte Wohnung, be-
stehend im ersten Stock aus 5 Zimmern und einem Salon, dann zu ebener Erde in 3 bis 4 Zimmern, Keller,
Holzlage und einem Garten zu vermieten und sogleich
zu beziehen.« (2. Juni 1830.)

»Haus in Hitzing zu vermieten. Das Haus Nr. 173 in der
Lainzerstraße mit 11 möblierten und gemalten schönen
Zimmern nebst einem Saale mit Billard und Fortepiano
im ersten Stock; 2 Wohnungen zu ebener Erde mit 2 und
3 Zimmern nebst Herrschaftsküche, Speise, Keller, Boden, Holzlage, Wagenschuppen, Heuboden, guter Was-
serbrunnen und große Obstlager samt Baumfruchtge-
nuß ist über den diesjährigen Sommer zu vermieten.«
(5. April 1833.)

Man bezahlte damals für eine Sommerwohnung 8 bis 16
Gulden pro Zimmer und Monat. Eipeldauer berichtet,
daß von ihm 20 Gulden für ein Einzelzimmer verlangt
wurden. Wenn man bedenkt, daß ein Facharbeiter, ein
Lehrer oder ein mittlerer Beamter 20 bis 30 Gulden im
Monat verdiente, ist schon klar, daß sich nur die Ober-
schicht eine solche Sommerfrische leisten konnte.

Interessante Hinweise liefert auch eine Posse von Johann Nestroy mit dem langen Titel »Eine Wohnung ist zu
vermieten in der Stadt, eine Wohnung ist zu verlassen in
der Vorstadt, eine Wohnung samt Garten ist zu haben in
Hietzing«, die 1837 im Theater an der Wien uraufgeführt
wurde. (Die Premiere war übrigens ein eklatanter Mißer-

folg, das Stück mußte nach drei Aufführungen abgesetzt werden. Erst der Satiriker Karl Kraus, der überhaupt viel getan hat, um den fast schon vergessen gewesenen Nestroy wieder populär zu machen, wies auf die Qualität dieses Stückes hin.)

In der 19. Szene des Stückes wird Hietzing als »Sammelplatz der eleganten Welt« bezeichnet.

Der 3. Akt beginnt damit, daß »Promenierende beiderlei Geschlechts«, die von verschiedenen Seiten auftreten, folgenden Chor singen:

> Das Wetter ist so herrlich heut',
> Der Maitag ist so schön,
> Drum überall die Menge Leut',
> Man kann fast gar nicht gehn.
> Man kann, wie alles froh genießt,
> Hier in den Gärten sehn.
> Wer nicht pränumeriert ist (vorbestellt hat)
> Muß bei der Jausen stehn.
> Ja, auf dem Lande ist es schön,
> Das kann man deutlich hier in Hietzing sehn.

Es wird über eine Wohnung verhandelt, über deren genaue Lage wir nichts erfahren. Diese Sommerwohnung mit Garten soll 500 Gulden kosten, wobei die Vermieterin aber betont, daß solche Wohnungen in der Lainzer Straße viel teurer sind.

WOHNGEBIET

Hietzing blieb Wiens nobelste Sommerfrische bis zum Eisenbahnzeitalter. Dann kamen andere, weiter entfernte Ziele »in Mode«, vor allem, dem Beispiel des Kaisers folgend, das Salzkammergut. Hietzing wurde von der Sommerfrische zum Wohngebiet der Reichen. Am Ortscharakter, also an der Dominanz einstöckiger, eleganter Bauten, änderte sich dadurch nichts. Neben dem Adel, den hohen Beamten und den reichen Industriellen, Bankiers und Händlern siedelten sich nun auch immer mehr Diplomaten, Schauspieler und Künstler an. Während in der sogenannten »Gründerzeit« die Einwohnerzahl anderer Vororte, etwa von Meidling und Penzing, infolge dichter Verbauung mit mehrstöckigen Mietshäusern auf das Vier- bis Sechsfache stieg, erhöhte sie sich im Villenvorort Hietzing nur langsam. 1861 wurden 2187 Einwohner gezählt, 1869 dann 2439 und 1890 schließlich 3006, die in 334 Häusern wohnten. Die Abgrenzung des einstigen Dorfes gab es in der zweiten Hälfte des vorigen Jahrhunderts nicht mehr, Hietzing war mit den Nachbarorten zusammengewachsen. Die Bildung des 13. Wiener Gemeindebezirkes war eine logische Konsequenz dieser Entwicklung.

Katterburg und Schleifmühle

Im Jahre 1170 wird ein Ort »Chatternberg« urkundlich erwähnt, der ungefähr im Bereich des jetzigen Schlosses Schönbrunn bestanden haben dürfte. Der Ort gruppierte sich um einen schloßartigen Gutshof mit einer Mühle, der Kattermühle. 1312 verkaufte ein Johann von Nußdorf die Ansiedlung an das Stift Klosterneuburg. 1437 erwarb sie Erhard Griesser, Kellermeister des Herzogs Albrecht V., 1467 Erhard Vest, Bürger zu Linz, dessen Sohn sie an den Wiener Bürger Ehrenreich Khöppl verkaufte.

DIE KATTERBURG

Khöppl ließ sich ein Schlößchen erbauen, das er Katterburg nannte. Der Ort selbst dürfte um diese Zeit nicht mehr bestanden haben, denn in den folgenden Urkunden scheinen nur mehr die Katterburg und die Kattermühle auf. Die Objekte wurden 1497 wieder an das Stift Klosterneuburg verkauft. 1529, während der ersten Türkenbelagerung, wurden sie zerstört. Um 1550 erwarb sie der spätere Stadtrichter Hermann Bayer und ließ sie als Herrensitz wieder aufbauen. Als er kurz darauf starb, erbte seine minderjährige Tochter, deren Vormünder 1559 die Katerburg an Peter von Mollard verkauften, von dem sie 1569 Kaiser Maximilian II. erwarb. Er ließ den Herrensitz zu einem zweistöckigen Jagdschloß mit einer Kapelle ausbauen und einen ummauerten Garten mit Teichen anlegen.
1605 wurde das Schloß von den Ungarn in Brand gesteckt, Kaiser Matthias ließ es wiederherstellen. Ferdinand II. übergab den Besitz seiner zweiten Gemahlin, Eleonore. Nach seinem Tod überließ ihn Ferdinand III. seiner verwitweten Mutter zur lebenslangen Benützung. Mit ihrem Tod, 1655, kam die Katterburg an die dritte Gemahlin Ferdinands III., Maria Eleonora Gonzaga. 1683 wurde das Schloß von den Türken völlig zerstört. Es lag zwölf Jahre lang in Trümmern, bis sich Leopold I. 1695 entschloß, an dieser Stelle Schloß Schönbrunn zu erbauen.

DIE SCHLEIFMÜHLE

Zwischen Katterburg und Hietzing befand sich noch eine zweite Mühle, die »Schleifmühle auf dem Anger«. 1469 haben der Müller Wolfgang Hertzog und seine

Gattin diese zweifellos schon lange bestehende Mühle erworben.

Die Schleifmühle bestand bis zum Jahre 1683, als sie von den Türken zerstört wurde. Sie gehörte damals, seit 1668, dem Gärtner im kaiserlichen Jagdschloß Martin Lehenmayer und seiner Gattin Eva. Die beiden konnten rechtzeitig vor den Türken flüchten, damit aber nur ihr nacktes Leben retten. Durch die Zerstörung des kaiserlichen Jagdschlosses verlor der Mann sein fixes Einkommen als Gärtner, für den Wiederaufbau der Mühle fehlte das Geld. Über das weitere Schicksal der Familie Lehenmayer ist nichts bekannt.

Als Maria Theresia Schloß Schönbrunn ausbauen ließ, wurde auch die Ruine der Schleifmühle gekauft. An ihrer Stelle wurde um 1770 das Kaiserstöckel gebaut, das als erster der Leibarzt der Kaiserin, van Swieten, im Sommer bewohnte. Später war es Sommersitz des jeweiligen Außenministers, nach dem Ersten Weltkrieg Kaffeehaus. Heute ist im Kaiserstöckel das Hietzinger Postamt untergebracht.

St. Veit und Hacking

Der 3. Kreuzzug spielt in Österreichs Geschichtsbüchern eine besondere Rolle: Der Sage nach brachte der Babenberger Leopold V. von diesem Kriegszug die Fahnenfarben rot-weiß-rot heim. Außerdem kam es zum Konflikt mit dem englischen König Richard Löwenherz, der später zu dessen Gefangennahme in Österreich führte.

Auch für die Heimatforschung des 13. Bezirks hat dieser Kreuzzug seine Bedeutung. Ein Wiener Bürger namens Wergand wollte sich dem Unternehmen zur Befreiung des »Heiligen Landes« anschließen. Die Kosten dafür hatte er selbst aufzubringen. Er borgte deshalb vom bayrischen Stift Formbach, das in Baumgarten Besitzungen hatte, Geld aus und verpfändete dafür einen Weingarten. Über dieses Kreditgeschäft existiert eine Urkunde aus dem Jahre 1195. Unter den Zeugen sind Albert und Ernst de Sancto Vito (von Sankt Veit) genannt. Das ist die älteste urkundliche Nennung des Ortes St. Veit.

GOTTINESFELD

Der Ort selbst ist allerdings zweifellos viel älter. Es gibt schwerwiegende – aber nicht unumstrittene – Gründe dafür, daß er mit dem alten Ort Gottinesfeld ident ist. Eine Urkunde vom 5. Juli 1015 hält fest, daß der deutsche König Heinrich II. dem Domkapitel zu Bamberg 30 Königshufen (Bauernhöfe im königlichen Besitz) »in loco qui dicitur Godtinesfeld in pago Osterriche« (im Godtinesfeld genannten Ort im Lande Österreich) schenkte. In weiteren Urkunden finden wir 1131 die Brüder Pabo und Erchinger de Gottinesvelde und 1170 Wolfger de Gottinesfelde gemeinsam mit Merch und Marchwardus de Hackingen und Wolfger de Hiezingen. Schon die gemeinsame Nennung mit Hackingern und Hietzingern deutet darauf hin, daß Gottinesfeld im Bereich des heutigen 13. Bezirks, und zwar zwischen Hakking und Hietzing, zu suchen ist. Schließlich scheint in einem Steuerverzeichnis des Landes Niederösterreich aus dem Jahre 1591 im Bereich von St. Veit eine Mühle »Gottesveld« auf; hier hat sich offenbar der alte Ortsname erhalten.

Zwischen 1170 und 1195 dürfte also aus dem Ort Gottinesfeld der Ort St. Veit geworden sein. Man kann natürlich nur vermuten, wie es dazu gekommen ist. Eine Theorie besagt, daß der alte Ort unmittelbar am Wienfluß lag, bei einem Hochwasser zerstört und dann in höherer Lage unter anderem Namen neu errichtet wurde. Die andere Theorie besagt, daß der Ort – was damals in anderen Gegenden nachweislich geschah – zu Ehren des gerade um diese Zeit besonders verehrten Heiligen Vitus (Veit) umbenannt wurde. Für diese Theorie spricht, daß um jene Zeit St. Veit seine eigene Pfarrkirche erhielt. Zugleich mit der Weihe der Kirche könnte auch die Änderung des Ortsnamen erfolgt sein.

In der ältesten Siedlungsform von St. Veit sind deutlich drei Teile erkennbar. Der vermutlich älteste Teil ist der Wolfrathplatz, wo schon im frühen Mittelalter ein »festes Haus«, also eine kleine Burg oder ein wehrhafter Turm stand, aus dem später das Schloß wurde. Daneben wurde die Kirche gebaut. Im Anschluß daran entwickelte sich ein 14 bis 16 Meter breites Längsangerdorf, das von der Glasauergasse und der Firmiangasse begrenzt war und bis zur Auhofstraße reichte. Die dritte Entwicklungsachse strebte bergauf nach Süden, im Zuge Schweizertalstraße – Einsiedeleigasse.

DIE VESTE HACKING

Zur Pfarre St. Veit gehörte auch ein Teil des Ortes Hacking. Der andere Teil gehörte zur Pfarre Penzing und wurde erst 1663 auf Bitte der Bewohner, die nur in St. Veit zur Kirche gingen, der Pfarre St. Veit zugeordnet.

Hacking wird urkundlich schon früher als St. Veit erwähnt: 1156 wird ein Markwardus de Hacingen, Ministeriale (Hofbeamter) des Herzogs Heinrich II. von Babenberg, genannt.

Von der ursprünglichen Ortsform blieb nichts erhalten. Vermutlich lag ein kleiner Weiler am Fuß des ehemaligen Schloßhügels, der sich später zeilenartig in die äußere Auhofstraße ausdehnte. Den Abschluß dieser Zeile bildete die Nikolaus- oder Eustachiuskapelle, ein Bau aus dem 12. Jahrhundert.

Zu Hacking gehörte auch eine »Veste«, ein mit Erdwällen umgebenes militärisches Bollwerk, das beiderseits des Wienflusses auf der Höhe der jetzigen Stadtbahnstation Hütteldorf lag. Diese Wehranlage sollte den Weg durch das Wiental nach Wien sperren und wohl auch die stromabwärts liegende Furt decken.

Mitte des 13. Jahrhunderts wird in einer Schenkungsurkunde ein Otto von Hacking genannt, das Geschlecht ist bis ins 15. Jahrhundert nachweisbar. Der Ort war Besitz der Habsburger, als Lehensherrn scheinen 1388 Hertlein von Herzogbierbaum, 1411 Hans Stupfenweicher, 1494 Nikolaus Zwittar, 1535 der königliche Rat und Sekretär Wilhelm Putsch auf. Dann wechselte der Ort sehr oft den Besitzer, bis ihn schließlich Ludwig von Haque übernahm, der ihn 1778 dem Deutschen Ritterorden verkaufte.

Hacking hatte 1529 und 1683 schwer unter den Türken zu leiden. Beide Male wurde auch die Veste zerstört, nach der zweiten Türkenbelagerung wurde sie nicht wiederhergestellt.

Das bemerkenswerteste Bauwerk war das Hackinger Schlössl, das im 18. Jahrhundert in einem Park errichtet wurde. An seiner Stelle befindet sich jetzt das Jugendgästehaus.

Hacking entwickelte sich nur langsam, es blieb bis ins 19. Jahrhundert ein armes Bauerndorf.

St. Veit entwickelte sich hingegen besser, weil es ein Zentrum hatte, von dem Impulse ausgingen. Das »feste Haus« auf dem Wolfrath-Platz, das bereits als Schloß bezeichnet wird, wurde 1361 von Herzog Rudolf IV. mitsamt dem Herrschaftsrecht über St. Veit gekauft.

1365 schenkte er »die Vest ze Sand Veyt auf der Wienn und was darzu gehört« dem Kanonikerkapitel Allerheiligen bei St. Stefan in Wien. Er verlieh zugleich dem Kapitel das »Gericht über den Tod«, also die volle Gerichtsbarkeit, einschließlich des Rechtes, die Todesstrafe zu verhängen. Die Grundherrschaft von St. Veit dürfte allerdings schon früher mit diesem Recht verbunden gewesen sein.

Für ein Gericht mit allen Rechten kam die Bezeichnung »Landesgericht« auf, zum Unterschied vom »Ortsgericht«, das nur kleinere Vergehen mit entsprechend geringen Strafen aburteilen durfte. Zum Landesgericht St. Veit gehörten die Orte Baumgarten, Hacking, Hütteldorf, Lainz, Penzing, Purkersdorf und Speising. Man kann daraus schließen, daß St. Veit der bedeutendste Ort dieses Raumes war.

1465 wurde die Pfarre St. Veit, die bis dahin ebenso wie das übrige Niederösterreich einschließlich Wien dem Bistum Passau unterstellt war, dem neu zu errichtenden Bistum Wien zugewiesen. 1486 erhielt der Wiener Bischof auch Schloß und Herrschaftsrecht St. Veit.

Die Dorfbewohner betrieben Ackerbau, Weinbau, Viehzucht und Fischfang im Wienfluß. 1481 bis 1485 litt der Ort besonders schwer unter dem Krieg zwischen König Matthias von Ungarn und Kaiser Friedrich III., er wurde abwechselnd von Truppen beider Parteien besetzt und geplündert.

1529 verwüsteten die Türken Schloß und Ort. Bischof Faber klagte noch 1533: »Zu St. Veit ist Schloß, Khirch, Pfarrhof und alles annders verprennt«. Von den Bauern zog er allerdings genug Tribut, um damit ein Konvikt in der Wiener Singerstraße für zwölf Knaben einrichten zu können, das 1539 eröffnet wurde.

WERTSCHÄTZUNG

Aus dem Jahre 1542 existiert eine Schätzung (man sagte damals »Beteuerung«) des Wertes der Herrschaft St. Veit. Das beschädigte Schloß und der dazugehörende Meierhof, die mit einer Mauer umgeben waren, wurden mit 500 Gulden bewertet. Die Grunddienste der Bauern und die Abgaben von zwei Mühlen am Wienfluß ergaben jährlich 42 Gulden, das »kleine Umgeld« (Weinsteuer) jährlich je nach Ertrag 50 bis 100 Gulden. Die 48 Joch Felder wurden mit 90 Gulden bewertet, wobei allerdings vermerkt wurde, daß sie Tag und Nacht bewacht werden müßten, weil sie sonst das Wild verdirbt. Ferner gehörten zum Herrschaftsbesitz Wiesen im Wert von 45 Gulden, die man jedoch nicht nutzen konnte, wenn der König im Lande war, weil sie durch die königlichen Jagden verdorben wurden. Es werden 180 Joch Wald verzeichnet, die jedoch kaum einen Ertrag brachten und deshalb nur mit einem Gulden je Hektar bewertet wurden. Ein Joch Weingärten wurde hingegen mit 50 Gulden eingeschätzt. Schließlich scheint noch das Fischereirecht im Wienfluß auf, für das die Bauern jährlich 1^{1}/$_{3}$ Gulden bezahlen mußten.
Um diese Zeit hatten St. Veit 92 und Hacking 14 Häuser. Bis 1660 dauerte der Wiederaufbau des Schlosses. St. Veit nahm einen beachtlichen wirtschaftlichen Aufschwung. So konnte die Grundherrschaft im Jahre 1672

von den Bauern 2766 Gulden Zehent und Abgaben, 4100 Gulden für die Weingärten, 139 Gulden für die Ausübung der Dorfobrigkeit und außerdem aus der Landesgerichtbarkeit über sieben Orte mit zusammen 340 Häusern 1020 Gulden kassieren.

Der Weinbau, der nun schon auf 41 Vierteljoch betrieben wurde, war zur wichtigsten Einnahmequelle der St. Veiter Bauern geworden.

Der Aufschwung wurde allerdings jäh unterbrochen. 1683 stürmten die Türken wieder gegen Wien und zerstörten auf dem Weg Schloß und Dorf St. Veit. Als sich der Ort wieder zu erholen begann, verlor er 1713 durch die Pest einen großen Teil seiner Bewohner.

GESCHÄFTE MIT DER KAISERIN

Es dürfte wohl vor allem dem Grundherrn, dem Wiener Bistum, zuzuschreiben sein, daß sich der Ort von allen Schicksalsschlägen immer relativ rasch erholte. die Bischöfe – seit 1723 Fürsterzbischöfe – wohnten häufig im St. Veiter Schloß und brachten Gefolge und Gäste mit. Das ergab Verdienstmöglichkeiten für die St. Veiter, die Lebensmittel lieferten und auch als Handwerker, Gärtner und Bediente Arbeit fanden. Die Bischöfe waren auch interessiert daran, daß der Ort wirtschaftlich gedieh, weil dadurch ihre Einnahmen stiegen.

Der Wiederaufbau des Schlosses dauerte bis 1742. Dabei erhielt das Schloß auch seine jetzige Form, eine dreigeschoßige Anlage um einen quadratischen Hof.

1762 verkaufte Kardinal Fürsterzbischof Christof Anton Graf Megazzi Schloß und Herrschaft St. Veit an Kaiserin Maria Theresia. Der Wert des Besitzes war auf 80 000 Gulden geschätzt worden, die Kaiserin bezahlte jedoch, um dem Erzbistum entgegenzukommen, 85 000 Gulden. Das Motiv für den Kauf war wohl die Nähe zum kaiserlichen Jagdgebiet, dem Lainzer Tiergarten. Allerdings hat die Kaiserin, die vor dem Kauf wiederholt Gast des Kardinals im St. Veiter Schloß war, dieses nachher nie mehr besucht. Der Grund dafür war vermutlich, daß sie den Abschluß des von ihr angeordneten Umbaus im Schönbrunner Stil abwarten wollte. Als der Umbau durch Oberhofarchitekt Nicolaus Pacassi 1777, also nach fünfzehn Jahren, abgeschlossen wurde, war die Kaiserin schon 60 Jahre alt.

Bei diesem Umbau wurde das Schloß mit den illusionistischen Wandmalereien von Johann Bergl ausgestattet.

Da die Kaiserin ihr Interesse an dem Schloß verloren hatte, suchte der Hof einen Käufer. Als Kardinal Megazzi davon hörte, kaufte er Schloß und Herrschaft 1779 wieder zurück.

Die Bewohner von St. Veit hatten bei diesen Geschäften zwischen der Kaiserin und dem Fürsterzbischof nichts mitzureden. Sie gehörten zum Handelsobjekt wie die Häuser und die Weingärten, das Vieh und die Wiesen, die Äcker und das Fischereirecht. Ihre Arbeitskraft und ihre Tributpflichten waren der wichtigste Teil des geschätzten Wertes.

WEIN UND MILCH

Der vorherrschende Erwerbszweig der Dorfbewohner blieb der Weinbau. Noch 1820 waren 93 von den 135 Häusern im Besitz von Weinhauern, die insgesamt 60 Hektar Weingärten bebauten. Der saure Wein wurde vor allem an die billigen Wirtshäuser für die ärmere Bevölkerung in Wien und den Vorstädten geliefert.

In den folgenden Jahren gewann die Milchproduktion

immer mehr an Bedeutung, sie wurde etwa ab 1880 zur Haupteinnahmequelle. Die Reblaus schädigte den Weinbau schwer, 1890 gab es nur mehr zehn Hektar Weingärten, 1925 wurde der letzte am Gemeindeberg aufgegeben.

UNTER ST. VEIT

Im 18. Jahrhundert begann sich am Wienfluß eine zweite Siedlung zu entwickeln, die von Anfang an einen völlig anderen Charakter hatte. Sie war vor allem von Färbern, Gerbern und Wirkern bewohnt, die für die entstehende Textilindustrie in Meidling, Penzing, Mariahilf und Neubau als Zulieferer arbeiteten. Sie brauchten für ihre Arbeit das Wasser des Wienflusses. Da sie auch ihre Abwässer in den Fluß leiteten, wurde der Fischbestand dezimiert.

Diese Handwerker waren allen Konjunkturschwankungen und den Spekulationen der Industrie unterworfen. In guten Zeiten verdienten sie das Notwendigste zum Leben, in schlechteren Zeiten vegetierten sie im Elend. Im Vergleich zu dieser Arme-Leute-Siedlung war das alte St. Veit der Weinhauer und Bauern nahezu wohlhabend.

Die neue Siedlung wurde zuerst »Neudörfl« genannt. Erst im vorigen Jahrhundert kamen für den alten Ort der Name Ober St. Veit, für das Neudörfl die Bezeichnung Unter St. Veit auf. Im Jahre 1803 umfaßten beide Siedlungen je etwa hundert Häuser, während Hacking noch immer ein kleiner Weiler mit etwa zwei Dutzend Häusern war.

In den folgenden Jahren begann sich der Charakter von Ober St. Veit zu ändern. Ähnlich wie in Hietzing wurden Villen gebaut, die als Sommerfrischen vermietet wurden. Auch immer mehr Handwerker siedelten sich an. 1830 gab es in Ober St. Veit bereits ein Kaffeehaus und mehrere Gasthäuser. Die meisten Häuser waren allerdings noch ebenerdig und mit Schindeln gedeckt. Ober und Unter St. Veit waren durch eine junge Pappelallee miteinander verbunden.

ERSTE FABRIKEN

Ansätze zu einer Industrialisierung hatte es schon im 18. Jahrhundert gegeben. Kaiserin Maria Theresia verfolgte das wirtschaftspolitische Ziel, Österreich-Ungarn so weit wie möglich von Einfuhren unabhängig zu machen. Dazu gehörten auch ihre Bestrebungen, Maulbeerbäume anzupflanzen, damit eine eigenständige Seidenfabrikation aufgebaut werden könnte.
Um 1750 ließ sie in Hacking und in St. Veit an der Wien Maulbeerbäume pflanzen. In Hacking übernahm Hofrat von Froidevaux die Nutzung dieser Pflanzungen, hatte damit jedoch keinen Erfolg, die meisten Bäume gingen bald wieder ein. Erfolgreicher war Freiherr von Leykam in Unter St. Veit, der bis 1814 schöne Gewinne erzielte. Die Wiedererwerbung Oberitaliens durch die Habsburger beendete diese Versuche, weil von dort nun viel billigere Ware kam.
Im 19. Jahrhundert wurden eine Reihe von Fabriken gebaut – in Unter St. Veit eine Farbenfabrik, in Ober St. Veit eine Seidenfabrik, eine Zuckerraffinerie und eine Schokoladenfabrik, in Hacking eine Baumwollwarenfabrik und eine Stoffdruckerei.
Siedlungsmäßig prägte sich immer stärker eine Dreiteilung von St. Veit aus. Um das erzbischöfliche Schloß entstand eine Siedlung von Nobelvillen und Landhäusern, daneben bestanden die alten Gassenzeilen der

Weinhauer und Bauern und schließlich entstanden am Wienfluß Betriebsstätten und Arbeiterhäuser. Zwischen die vorerst meist ebenerdigen Arbeiterhäuser und das Villenviertel wurden immer mehr Mietvillen gebaut, die als Sommerfrischen vermietet wurden.

1867 wurden die beiden Ortsteile von St. Veit in die selbständigen Gemeinden Ober St. Veit und Unter St. Veit getrennt. Um diese Zeit hatte Ober St. Veit etwa 2000 Einwohner, Unter St. Veit etwa 800 und Hacking 694.

Der 1875 geborene Ober St. Veiter Josef Vinzenz erinnert sich in seinem Buch »Erlebtes und Erlauschtes aus Wiens Vorstadt« an seine Kindheit: »Das Dorf Ober St. Veit ist zu dieser Zeit ein Idyll im Grünen gewesen. Am Rand des Wienerwaldes, besaß es eine Fülle von Wiesen, Äckern, Weingärten, eine schöne Au an der Wien, bewaldete Hügel und vor allem die »Edleseelackn«, ein Gewässer unterhalb des Roten Berges. Die Edleseelackn! Ein Eldorado für uns Kinder, ein Ort der Angst für besorgte Mütter ... Wie einmal der Herr Pfarrer in der »Alten-Jahrs-Predigt« verkündete, besaß unser Dorf 1500 Einwohner, 118 Kühe, 73 Pferde und eine Anzahl Ziegen. Wir hatten einen Bürgermeister, einen ›Wächter‹, einen Mesner, der zugleich Vorbeter und Totengräber war. Dazu kam noch eine berühmte Medizinfrau, die alte Schabschneiderin. Sie erzeugte eine schwarze Salbe, die alles heilte ... Vergessen darf ich nicht den braven Werkelmann Ehrlich, der jeden Nachmittag durch hervorragendes Spiel Kunst unters Volk brachte. Die männlichen Einwohner bauten Wein, die weiblichen erpreßten Milch von ihren Kühen. Der erste wurde im Ort getrunken, die zweite wurde den Stadtleuten zugeführt.«

An anderer Stelle schildert er, wie er als Bub von der erwachsenen Tochter der Hausfrau zum ersten Mal auf

44

einen Ausflug nach Schönbrunn mitgenommen wurde: »Daheim waren wir beide in Ober St. Veit, aus dessen Gemarkungen ich noch nie herausgekommen war. Mit grenzenlosem Erstaunen stellte ich fest, daß es außer unserem Dorf auch noch andere Dörfer auf der Welt gab.«

Als 1890 der 13. Bezirk gebildet wurde, gab es in Ober St. Veit 361 Häuser mit 3456 Bewohnern, in Unter St. Veit 159 Häuser mit 1403 Bewohnern und in Hacking 113 Häuser mit 933 Bewohnern.

Lainz und Speising

Die beiden Orte Lainz und Speising waren in historischer Zeit immer eng miteinander verbunden. Sie hatten die gleiche Grundherrschaft, das wirtschaftliche Leben beider Orte basierte vor allem auf den umliegenden Wäldern und später zum Teil auf der Milchwirtschaft, die Entwicklung verlief weitgehend parallel.

Der Lainzer Sattel, der sich vom Fuß des Küniglberges bis zum Lainzer Tiergarten erstreckt, war schon in vorgeschichtlicher Zeit besiedelt. Da hier auch ein markanter Punkt der alten Römerstraße von Wien über Hietzing nach Mauer war, kann eine durchgehende Besiedlung als wahrscheinlich angenommen werden.

ORTSNAMEN UNGEKLÄRT

Die älteste urkundliche Erwähnung beider Orte stammt aus dem 14. Jahrhundert. Lainz wird erstmals 1324 erwähnt, allerdings als Luentz, später als Luncz. Erst 1441 taucht die Bezeichnung Laintz auf, im gleichen Jahr der Ortsname »Obern Laincz«, dem 1467 ein »Nidern

Laincz« folgt – ein Hinweis darauf, daß der Ort aus zwei Teilen bestand, also eine beachtliche Größe hatte. Speising wird erstmals 1364 erwähnt.

Die Herkunft beider Ortsnamen ist ungeklärt. Die Annahme, daß der Name Lainz slawischen Ursprungs (von lonzinica = Aubach) sei, ist umstritten. Für Speising gibt es überhaupt keinen ernstzunehmenden Erklärungsversuch. Diese Situation führte zum Entstehen folgender Witzgeschichte:

»Erzherzog Eberhard der Greiner hatte seit den frühen Morgenstunden erfolglos gejagt. Müde setzte er sich zur Mittagsrast und lehnte sein Schwert an einen Baum. Plötzlich kam ein wilder Eber herangestürmt. Entsetzt rief der Erzherzog: »Wo ist mein Schwert?« Ein Schildknappe wies auf den Baum und sagte: »Hier laint's!« Erzherzog Eberhard der Greiner packte das Schwert und schlug mit einem mächtigen Hieb den Eber in zwei Teile. Zur Erinnerung an diesen Vorfall wurde der Ort Lainz genannt. Ein Jahr später wiederholte sich das Geschehen auf fast gleiche Weise an anderer Stelle. Weil es aber Lainz schon gegeben hat, wurde der andere Ort Speising genannt.«

DIE ÄLTESTEN TEILE

Im Mittelalter dürfte sich Lainz entlang der Lainzer Straße als Grabenangerdorf zwischen Fasangartengasse und Veitingergasse erstreckt haben, der älteste Teil von Speising ist die heutige Gallgasse.

1365 schenkte Herzog Rudolf IV. der Stifter beide Orte der Propstei St. Stephan. 1411 wurden sie von Herzog Albrecht V. als Lehen an Peter und Alexius Chrudner übergeben, 1527 scheint die adelige Familie von Rattmannsdorf als Eigentümer auf, 1637 Anna von Saurau, dann die Jesuiten und schließlich die Herrschaft des Wiener Erzbischofs in St. Veit. Lainz und Speising, die schon bis dahin der Landgerichtsbarkeit St. Veit unterstanden, wurden nun auch verwaltungsmäßig St. Veit unterstellt.

Bis ins vorige Jahrhundert lebten die Bewohner beider Orte im wesentlichen von der Holzschlägerung, der Verarbeitung des Holzes zu Brennholz und Brettern, der Kohlenbrennerei und der Pechgewinnung. Eine Landkarte aus dem 17. Jahrhundert verzeichnet für Lainz auch einige Weingärten. Ackerbau und Viehzucht wurden offenbar nur für den Eigenbedarf betrieben, erst im 19. Jahrhundert erhielt die Haltung von Milchkühen größere Bedeutung: Milchmeier in Lainz und Speising belieferten noch in unserem Jahrhundert die umliegenden Orte, vor allem Hietzing, Ober und Unter St. Veit und Hetzendorf.

Die Nachrichten über das Schicksal der beiden Orte sind äußerst spärlich. Die Chronik meldet nach der Türkenbelagerung Wiens im Jahre 1529 über Lainz: »yetz und alles verhert, verprent, der haibtail volch umbpracht« (»jetzt alles verheert, verbrannt, die Hälfte des Volkes umgebracht«). Über Speising heißt es 1531: »yetz unt noch alles in öden liegt, das Volch, gefangen und gestorben« (»jetzt noch alles öde liegt, das Volk gefangen und gestorben«).

REFORMATION

Langsam belebten sich die Orte wieder, aber das Leben blieb armselig. Vielleicht hing es mit dieser Armut und dem scharfen Kontrast zum feudalen Luxus auf dem St. Veiter Bischofsschloß zusammen, daß Lainz und Speising zu den Orten im Wiener Raum gehörten, in denen die neue Lehre Martin Luthers besonders interessiert aufgenommen wurde. Um 1580 waren beide Orte völlig evangelisch. 1583 setzte die Gegenreformation ein. Vermutlich kam es deswegen zum Besitzwechsel, beide Orte wurden von den härtesten Kämpfern gegen die Reformation, von den Jesuiten, übernommen. Es ist nicht mehr feststellbar, was die Jesuiten getan haben, um die Bewohner der beiden Dörfer wieder katholisch zu machen und ob es auch hier, wie etwa in Hernals, zur Vertreibung von Bewohnern kam.

Lainz und Speising wurden 1683 neuerlich von den Türken völlig zerstört. Ein Teil der Bewohner dürfte sich in den Wäldern versteckt und so überlebt haben. Diese Menschen machten sich an den Wiederaufbau. Im Gegensatz zu den andern Dörfern des heutigen 13. Bezirks zogen Lainz und Speising im 18. Jahrhundert aus der Nähe des kaiserlichen Schlosses Schönbrunn keinen Nutzen. Sie blieben kleine, arme Dörfer.

LANGSAME ENTWICKLUNG

Noch im Jahre 1836 hatte Lainz nur 48, Speising nur 45 Häuser. Es waren weltabgeschiedene Dörfer, in die sich auch aus den Sommerfrischen Hietzing und Ober St. Veit nur selten Ausflügler verirrten. Nur die kaiserlichen Jagdgesellschaften im Lainzer Tiergarten brachten einen Hauch aus der fremden, großen Welt.

In den folgenden Jahrzehnten kam es zur Verbauung der Lainzer und der Speisinger Straße. 1869 wurden in Lainz 384 und in Speising 660 Einwohner gezählt. 1890 gab es in Lainz 110 Häuser mit 839 Bewohnern und in Speising 209 Häuser mit 1228 Bewohnern. In zwei Jahrzehnten hatte sich also die Einwohnerzahl der beiden Orte ungefähr verdoppelt.

Der 13. Bezirk

Mit Gesetz vom 19. Dezember 1890, das am 1. Jänner 1892 in Kraft trat, wurden die Vororte der Stadt Wien außerhalb des Linienwalls in die Stadt eingegliedert und aus ihnen die Bezirke 11 bis 19 gebildet. Dem 13. Wiener Gemeindebezirk, der den Namen Hietzing erhielt, gehörten die bis dahin selbständigen Ortsgemeinden Baumgarten, Breitensee, Hacking, Hietzing, Lainz, Ober St. Veit, Penzing und Unter St. Veit, die Katastralgemeinden Schönbrunn und Speising sowie Teile der Gemeinden Hadersdorf (vor allem Auhof), Hütteldorf und Mauer an. Der gesamte Bezirk hatte damals 31 122 Einwohner, auf dem Gebiet des heutigen 13. Bezirks wohnten davon 10 902 Personen. Bis 1911, also in knapp zwanzig Jahren, stieg die Einwohnerzahl auf mehr als das Dreifache, in den folgenden Jahrzehnten erhöhte sie sich nur geringfügig.

Nachdem mit dem Einmarsch der Hitler-Truppen am 13. März 1938 Österreich ausgelöscht und ein Teil des Deutschen Reiches wurde, kam es durch ein Reichsgesetz vom 1. Oktober 1938 und eine Verordnung des Wiener Bürgermeisters vom 15. Oktober 1938 zu einer Änderung der Bezirksgrenzen in Wien. Die nördlich des Wienflusses gelegenen Teile und der Großteil von Auhof wurden vom 13. Bezirk abgetrennt und bilden seither den 14. Bezirk (Penzing). Der damalige 14. Bezirk (Rudolfsheim) wurde mit dem 15. Bezirk (Fünfhaus) zusammengeschlossen. Der 13. Bezirk wurde im wesentlichen in seinen heutigen Grenzen festgelegt, ausgenommen der Geländestreifen zwischen Schloß Schönbrunn und der Grünbergstraße, der damals noch zu Meidling gehörte und erst durch Beschluß des Wiener Gemeinderates vom 10. April 1950 zu Hietzing kam.

REICH AN GRÜNLAND

Hietzing ist der Fläche nach mit 3765 Hektar der drittgrößte Bezirk von Wien hinter Donaustadt und Floridsdorf. 2530 Hektar davon entfallen allerdings auf den Lainzer Tiergarten. Fast 70 Prozent des 13. Bezirkes sind Grünland, darunter 55 Prozent Forste. Hietzing ist damit der an Grünflächen reichste Bezirk von Wien. Nur 28 Prozent der Gesamtfläche sind Bauland (im Wiener Durchschnitt sind es 31,5 Prozent). Die insgesamt 150 Kilometer langen Hietzinger Straßen bilden weniger als 2 Prozent der Gesamtfläche (in ganz Wien sind mehr als 9 Prozent des Bodens Verkehrsfläche).

Hietzings Lage ist durch die großen Höhenunterschiede charakterisiert. Die wichtigsten Fixpunkte: Schönbrunn (Haupteingang) 181,5 m, Hietzing Am Platz 194,7 m, Versorgungsheimplatz 222,9 m, Montecuccoliplatz 238,1 m, Roter Berg 261,6 m, Girzenberg 284,6 m, Gemeindeberg 319,6 m, Hirschgstemm 406 m, Hubertuswarte 508,4 m über der Adria.

Die westlichste Ecke der Tiergartenmauer ist der westlichste Punkt von Wien (48° 10' 18" nördlicher Breite, 16° 11' 13" östlicher Länge).

WACHSENDE EINWOHNERZAHL

In Hietzing gibt es (Stand 1974) 6957 Häuser, darunter 4358 Einfamilienhäuser und 438 große Wohnhäuser mit mehr als zehn Wohnungen. Von der Gesamtfläche Wiens nimmt Hietzing 9 Prozent ein. Mit (Volkszählung 1971) 56 886 Einwohnern beherbergt Hietzing 3,52 Prozent der Wiener Gesamtbevölkerung.

Hietzing gehört zu den neun Wiener Bezirken, deren Einwohnerzahl in den letzten drei Jahrzehnten gestiegen ist. 1951 wurden 46 995 Einwohner gezählt, 1961 bereits 54 191 und 1971 schließlich 56 886. Der Anteil der Frauen ist in Hietzing besonders hoch: 32 865 oder 57,8 Prozent der Bezirksbewohner sind weiblich (in ganz Wien 55,9 Prozent), 24 021 oder 42,2 Prozent männlich.

Der Einwohnerzahl nach gibt es in Wien 15 größere und 7 kleinere Bezirke.

Von den 56 886 Hietzingern sind 23 415 berufstätig. Kennzeichnend für die Bevölkerungsstruktur Hietzings ist der überdurchschnittliche Anteil von Selbständigen, Angestellten und Beamten, während der Anteil der Arbeiter relativ gering ist: Es gibt 15 Prozent Selbständige und mithelfende Familienangehörige (in ganz Wien 11 Prozent), 65 Prozent Angestellte und Beamte (in Wien 52 Prozent) und 20 Prozent Arbeiter (in Wien 37 Prozent).

Nur 7420 Hietzinger arbeiten im eigenen Bezirk, hingegen fast 4000 im 1. Bezirk und je etwa 1000 in den Bezirken 3, 7, 9, 12, 14 und 15, ebenfalls etwa 1000 in einem anderen Bundesland oder im Ausland. Andererseits kommen 11 000 »Einpendler« zur Arbeit in den 13. Bezirk, ein großer Teil davon in die Spitäler und Heime. Mehr als je tausend Einpendler kommen aus dem 12. und dem 14. Bezirk sowie aus Niederösterreich, fast tausend jeweils aus den Bezirken 10, 15 und 23.

Der 13. Bezirk bis 1918

In der relativ kurzen Zeit zwischen der Eingemeindung des 13. Bezirkes im Jahre 1892 bis zum Beginn des Ersten Weltkriegs im Jahre 1914 wurden in Hietzing zahlreiche wichtige Bauten errichtet.

1894 bis 1896 ließ Karl Graf Lanckoronski zum Andenken an seine verstorbene Gattin Stefanie das Mädchenrekonvaleszentenheim »Faniteum« erbauen, das 1920 in ein Kindererholungsheim umgewandelt wurde.

1896 bis 1900 wurde die Wientallinie der Stadtbahn gebaut.

1902 bis 1904 entstand das Versorgungsheim in Lainz, 1908 bis 1909 das Militär-Invalidenhaus in der Fasangartengasse, 1908 bis 1913 das Krankenhaus Lainz, 1910 bis 1912 das Bundes-Waisenhaus und Taubstummeninstitut in der Speisinger Straße 105, 1912 bis 1914 das Amtshaus Hietzing und 1914 der Straßenbahn-Betriebsbahnhof Speising mit den anschließenden Wohnhäusern für Straßenbahner.

WENIGE BETRIEBE

Der vorherrschende Charakter des Bezirkes als einer Gegend der Villen und ausgedehnten Grünanlagen blieb unverändert. Die Armut war vor allem in Unter und Ober St. Veit beim Wienfluß zu Hause. Dort lag nahe dem St.-Josef-Krankenhaus das »Zigeunerdörfl«, ein richtiges Elendsviertel, das seinen Namen davon ableitete, daß man dort am Beginn des vorigen Jahrhunderts versucht hatte, Zigeuner anzusiedeln.

Es gab nur vier größere Betriebe – die Hutfabrik Bossi (heute Standort der Firma Hinteregger), die Bekleidungsfabrik Winkler und Schindler (Auhofstraße

Hietzing Am Platz um die Mitte des vorigen Jahrhunderts. Im Hintergrund die Hietzinger Pfarrkirche, links das Kaiserstöckl, damals Sommerwohnung des jeweiligen Außenministers.

Die älteste Brücke über den Wienfluß im Bereich der jetzigen Kennedybrük-
ke, die 1843 eröffnete »Maria Annen-Brücke«, eine damals hochmoderne
Kettenbrücke. Vorher befand sich hier ein einfacher Holzsteg.

1888 wurde die »Kaiser-Franz-Josephs-Brücke« fertiggestellt, eine Eisenkonstruktion. Beim Stadtbahnbau wurde diese Brücke nach Ober St. Veit
verlegt, wo sie noch immer die Verbindung in den 14. Bezirk bildet.

Johann Strauß Sohn, Bild mit eigenhändiger Widmung (Besitz des Bezirksmuseums). Darunter Strauß' Sommerhaus, Maxingstraße 18, in dem er »Die Fledermaus« komponierte.

Die Ecke Hietzinger Hauptstraße – Eduard-Klein-Gasse in der Ersten Republik. In der Mitte das Gasthaus Klein, im Vordergrund die Gleise der Straßenbahnlinie 60, die hier ihre Endstation hatte.

So präsentierte sich die Hietzinger Brücke, von Penzing aus gesehen, im Jahre 1889 (gezeichnet von Theodor Fischbacher nach einer Photographie von Wilhelm Kral), kurz nach Fertigstellung der Brücke.

Die Kennedy-Brücke unmittelbar nach ihrer Fertigstellung im Jahre 1964, von Penzing aus gesehen. Der Haltestellenbereich des öffentlichen Verkehrs mit den Umsteigemöglichkeiten ist vom übrigen Verkehr völlig getrennt.

*Vermutlich das letzte Bild des Stellwagens, der zwischen Hietzing und Ste-
phansplatz verkehrte. Wegen der starken Frequenz gab es in den letzten Jahren auf dieser Linie außer den Kutschern auch Schaffner (mit Umhänge-
tasche).*

Der Eingang in den Vergnügungspark »Neue Welt«, gezeichnet von Victor Stöger im Jahre 1872. In der Mitte der Haupteingangspforte fehlt noch die erst nachträglich eingefügte Darstellung der westlichen Erdhalbkugel.

Lainzer Straße 10 befand sich einst eine Mühle. Das Bild zeigt die wesentlichen Elemente des damaligen Gebäudes und vermittelt damit einen Eindruck vom Aussehen dieser Gegend vor etwa 150 Jahren.

Die Gesamtanlage der »Neuen Welt«. Rechts die Restaurationsterrassen, im Hintergrund die Freilichtbühne und davor der Englische Garten mit der großen Tanzfläche, links die Gewächshäuser.

Das Freilichttheater in der »Neuen Welt«, photographiert von M. Käs um 1880. Es war vermutlich das erste Theater, das mit einem Restaurationsbetrieb verbunden war, ein Zeichen für den Geschäftssinn von Karl Schwender.

Der Eingang zum Parkhotel Schönbrunn, wie er nach dem Zweiten Weltkrieg gestaltet wurde.

Verkehrsprobleme um 1860: Hietzing Am Platz an einem Sonntagnachmittag. Für Fußgänger war es damals offenbar nicht viel leichter als heutzutage. Für die Pferdefuhrwerke gab es keine Beschränkungen oder Vorschriften.

Links das Parkhotel Schönbrunn an der Stelle, wo einst Dommayers Kasino stand. Oben die Apotheke »Zum Auge Gottes« in der Hietzinger Hauptstraße, aufgenommen um die Jahrhundertwende.

Trauttmansdorffgasse 33 stand diese Villa, in der die große Burgtheater-Tra-gödin Charlotte Wolter mit ihrem Gatten O'Sullivan wohnte. Oben die Stra-ßenseite, unten die Rückseite, rechts der Wintergarten der Villa.

Im Jahre 1889, als Theodor Fischbacher diese Häuser in der Lainzer Straße zeichnete, dominierten hier noch die einstöckigen Gebäude. Das zweistöckige gehörte Linienschiffskapitän von Kalmár.

Das gleiche Ensemble heute: Am dominierenden Gebäude wurde nur wenig geändert, die wesentlichen Teile blieben unverändert wie vor hundert Jahren erhalten.

Das Amtshaus am Hietzinger Kai, 1912 bis 1914 erbaut, ist Sitz der Bezirksvorsteher und Bezirksämter für den 13. und 14. Bezirk. 1945 wurde der Turm von einer Fliegerbombe zerstört, 1951–52 wiederaufgebaut. Derzeit wird das Amtshaus, das zu den schönsten Wiens zählt, ausgebaut.

Bezirksvorsteher Eugen Gutmannsbauer gratuliert dem Ehepaar Unzeitig in der Auhofstraße zum seltenen Fest der »Eisernen Hochzeit« (65 Ehejahre).

156–162), die Vereinigten Färbereien in Hacking (früher Seidl) und die Wagenfabrik J. Rohrbacher, Hietzinger Hauptstraße 113, die Pferdefuhrwerke, später Autokarosserien und auch Straßenbahnwaggons baute.

KÜHE UND GÄRTEN

Für Ober St. Veit, Lainz und Speising hatte die Milchproduktion große Bedeutung. Einiges darüber hat uns Frau Auguste Glasauer berichtet, die einer der ältesten Ober St. Veiter Familien angehört. In ihrem Haus wahrt sie einen Grundbesitzbogen auf, aus dem hervorgeht, daß dieser Grund seit 1676 der aus dem Egerland stammenden Familie gehört. Im Eigentum der Familie, deren männliche Mitglieder Bauern und Zimmerleute waren, befanden sich der Rote Berg und etwa zehn Häuser in Ober St. Veit, außerdem Gründe in Purkersdorf und Gablitz. Frau Glasauer erinnert sich, daß ihre Familie vor dem Ersten Weltkrieg den modernsten Kuhstall von Wien mit mehr als hundert Kühen besaß. Die Meierei bestand bis 1945. Während des Kampfes um Wien wurde ein Teil der Kühe gestohlen, die andern erlagen der Maul- und Klauenseuche.

Frau Glasauer erzählt noch eine hübsche Geschichte: Reiche und angesehene Bürger konnten sich damals noch zu Lebzeiten eine Gasse aussuchen, die nach ihnen benannt wurde. Die Wahl des Wagenfabrikanten Rohrbacher fiel auf eine Gasse, die den Namen des Kronprinzen Rudolf trug. Er schränkte allerdings ein: »Ich glaub halt, die Gasse ist zu groß für mich, aber schön wäre es . . .« Er bekam seine Rohrbachergasse.

Neben den Meiereien spielten auch die Gärtnereien eine große Rolle, vor allem in Lainz und Speising. In den achtziger Jahren des vorigen Jahrhunderts hatte man begonnen, Gemüse in Glashäusern zu ziehen. Um die Jahrhundertwende regte die Stadtverwaltung an, Fenster und Balkone mit Blumen zu schmücken. Das brachte einen Aufschwung für die Blumengärtnerei. Von Lainz und Speising wurde zuerst der zentrale Markt Am Hof, dann vor allem der Schwendermarkt beliefert, wo die Gemüse-, Obst- und Blumenhändler ihre Ware einkauften.

Alte Speisinger Gärtner erzählen heute noch folgende Geschichte: In der Gallgasse gelang es einem jungen Gärtner namens Klas nach jahrelangen Versuchen, eine schwarze Rose zu züchten. Ausländische Händler boten ihm dafür ein Vermögen, nämlich 200 000 holländische Gulden. Aber der junge Gärtner starb plötzlich. Seine Braut legte ihm die schwarzen Rosen, deren Züchtungsgeheimnis er ins Grab mitnahm, auf den Sarg.

GEMEINSCHAFTSLEBEN

Im letzten Drittel des vorigen Jahrhunderts nahm das Gemeinschaftsleben einen großen Aufschwung.

Als erster allgemeiner Verein wurde 1859 der Krankenunterstützungs- und Leichenverein für Ober St. Veit, Unter St. Veit und Hacking gegründet, der sich die Betreuung notleidender Kranker und die ordentliche Bestattung verstorbener Armer zur Aufgabe stellte. 1862 wurde ein gleicher Verein in Lainz gegründet.

Um 1870 entstanden in allen Orten Freiwillige Feuerwehren. Sie bestanden bis etwa 1926, als die Berufsfeuerwehr für ganz Wien die Bekämpfung von Bränden und Katastrophen übernahm.

1870 wurde in Ober St. Veit der Männergesangsverein

gegründet, 1876 in Hietzing der »Verein der Gärtner und Gartenfreunde«.

Als erster Sportverein wurde 1867 in Speising der »Turngau-Verein« gegründet. 1891 folgten in Hietzing »Die Distanzfahrer«, ein Radfahrerklub. Damals mußten Radfahrer noch eine amtliche Lenkerprüfung ablegen, im Bereich von Schönbrunn mußte das gefährliche Fahrzeug geschoben werden.

Fußballgeschichte wurde in Ober St. Veit geschrieben. Die beiden ältesten Wiener Fußballvereine waren 1894 von in Wien arbeitenden englischen Gärtnern gegründet worden – der »First Vienna Football-Club« (Vienna) und der »Vienna Cricket- and Football-Club« (Cricket). Bei Cricket kam es nach einigen Jahren zu einem heftigen Konflikt. Eine Gruppe von Spielern und Funktionären verließ schließlich den Verein und gründete den Verein »Neue Wiener Cricketer«. Gegen den Vereinsnamen protestierten die »alten« Cricketer. Schließlich änderten die Abtrünnigen den Vereinsnamen auf »Wiener Amateur-Sportverein«. Die Amateure, die von Anfang an mit ihren Spitzenspielern Luigi Hussak und Max Leuthe zu den besten Fußballvereinen Wiens gehörten, hatten ihren Sitz in der Auhofstraße 108, ihre Heimspiele trugen sie zuerst auf dem Rapidplatz aus. Dann übersiedelte der Verein in den Prater, auf den WAC-Platz. Und 1926 gaben sich die Amateure einen neuen Namen: »Wiener Austria«.

Außer dem Vereinsleben gab es natürlich noch zahlreiche andere Aktivitäten des Gemeinschaftslebens. Weit über die Grenzen des 13. Bezirks hinaus waren der Faschingszug und der Kirtag von Ober St. Veit bekannt. Beide gab es bis zum Zweiten Weltkrieg. Der Faschingszug, für den sich die geschmückten Wagen im Bereich Firmiangasse – Auhofstraße sammelten, wurde immer von einer Reitergruppe eingeleitet. Dann gab es verschiedene Darstellungen – einmal einen 20 Meter langen Lindwurm nach der Sage vom »Stock im Weg« – und die blumengeschmückten Pferdewagen der Bauern und Winzer mit hübschen Mädchen. Veranstalter dieses Zugs, der Zuschauer aus ganz Wien anzog, war der Drahrer-Klub.

DER ERSTE WELTKRIEG

Im August 1914 schrieb der Hackinger Feuerwehrhauptmann Schnobl in sein Rapportbuch: »Österreich führt Krieg mit Rußland, Serbien, Montenegro, Frankreich, England, Japan.«
Die Freiwilligen Feuerwehren und das Rote Kreuz des 13. Bezirks bilden Kolonnen für den Verwundetentransport. Schon am 18. September 1914 werden auf dem Nordbahnhof 252 Verwundete übernommen, am 20. Oktober fast 1000, am 22. Oktober 800. In Hietzinger Schulen wurden Notlazarette eingerichtet. Viele junge Hietzinger starben an den Fronten, die Zivilbevölkerung hungerte.
Am 23. August 1918 wurde im Rapportbuch der Hackinger Feuerwehr verzeichnet: »Fliegeralarm. Meldung, daß feindliche Flieger über Wien erschienen sind. Auf allen Straßen wurde durch Hornisten der erste Teil des militärischen Zapfenstreichs gegeben. Nichts wurde wahrgenommen, jedoch waren im August mehrere italienische Flugzeuge über Wien und warfen Flugzettel ab.« Es war der erste Fliegeralarm in der Geschichte Wiens, ausgelöst von einem damals tollkühnen Unternehmen italienischer Flieger.
Am 11. November 1918 unterschrieb Kaiser Karl I. im Schloß Schönbrunn folgende Erklärung: »Nach wie vor

56

von unwandelbarer Liebe für alle meine Völker erfüllt, will ich ihrer freien Entfaltung meine Person nicht als Hindernis entgegenstellen. Im voraus erkenne ich die Entscheidung an, die Deutsch-Österreich über seine künftige Staatsform trifft. Das Volk hat durch seine Vertreter die Regierung übernommen. Ich verzichte auf jeden Anteil an den Staatsgeschäften. Karl Habsburg.« Der Staat Österreich-Ungarn und die Habsburgermacht hatten zu bestehen aufgehört. Am 12. November 1918 wurde die Republik Österreich proklamiert.

Die Erste Republik (1918–1934)

Die demokratische Republik, die am 12. November 1918 proklamiert worden war, sah sich großen Schwierigkeiten gegenüber: Hunger, Elend, Wohnungsnot, Arbeitslosigkeit, Inflation. Hunderttausende kamen von den Fronten und aus den Kriegsgefangenenlagern zurück und mußten einen Platz im zivilen Leben finden.
Viele tausende Wiener hatten im Krieg bleibende Verwundungen erlitten. Um sie kümmerte sich der Kriegsbeschädigtenfonds, der zur Erlangung der nötigen finanziellen Mittel ehemals kaiserlichen Besitz in Verwaltung erhielt, darunter den Lainzer Tiergarten.

SIEDLUNGEN IM 13. BEZIRK

Um dem Mangel an Wohnungen und Lebensmitteln entgegenzuwirken, wurde von der Nationalversammlung (dem heutigen Nationalrat) im Jahre 1919 beschlossen, 400 Hektar des Lainzer Tiergartens, die außerhalb der Tiergartenmauer lagen, das sogenannte »Auhofer Trennstück«, zur Besiedlung freizugeben. Ein

Teil davon, zwischen Hörndlwald und Lainzer Tor, war bereits vor dem Krieg gerodet worden, die damals geplante Errichtung von Villen kam jedoch nicht mehr zustande. Der Hörndlwald wurde auch 1919 von der Rodung ausgenommen.

Da dem Beschluß der Nationalversammlung keine unmittelbaren Maßnahmen folgten, besetzten siedlungswillige Kriegsopfer im September 1920 den bereits gerodeten Teil des Lainzer Tiergartens. Sie fanden die Unterstützung von Bürgermeister Jakob Reumann. Der damals bereits berühmte Architekt Adolf Loos erklärte sich bereit, die Pläne für eine Gartensiedlung zu entwerfen, die den Namen »Friedensstadt« tragen sollte. Am 3. September 1921 konnte der Grundstein für die Friedensstadt gelegt werden.

In den zwanziger Jahren entstanden auch die Siedlung »SAT« (Erwerbs- und Wirtschaftsgenossenschaft der Siedler am Auhofer Trennstück in Mauer bei Wien) und die Siedlung Hermeswiese. 1930 schließlich wurde auch die Rodung des restlichen Waldbestandes in diesem Gebiet beschlossen. Ausgenommen wurde davon, außer dem Hörndlwald, nur der jetzt noch bestehende Napoleonwald.

Die Gemeinde Wien erbaute in den Jahren 1928–1932 die Siedlung Lockerwiese.

Die architektonisch bedeutendste Leistung jener Zeit war jedoch die Werkbund-Siedlung im Bereich Veitingergasse–Jagdschloßgasse. 32 Architekten wurden eingeladen, für diese Siedlung Kleinhäuser zu entwerfen. Das Ziel war ein Wettbewerb, bei dem nicht auf dem Papier, sondern in der Realität bestmögliche Lösungen für den Siedlungsbau gefunden werden sollten. Der Architekt Josef Frank war Leiter des Gesamtprojektes. Unter den teilnehmenden Architekten waren fünf Ausländer (Groag, Häring, Lurcat, Neutra, Rietveld) und die bedeutendsten österreichischen Architekten (Brenner, Loos, Holzmeister, Plischke u. a.). Die Siedlung entstand in den Jahren 1931–1932.

NACHTWÄCHTER UND »GREAHIATA«

Weite Teile des 13. Bezirkes, vor allem in Ober St. Veit, nahmen nur langsam städtischen Charakter an. So dauerte es bis 1930, bis alle Straßen und Gassen elektrisch beleuchtet waren. Dann erst konnte der letzte Nachtwächter, der mit seinem Horn jede Nacht durch die finsteren Gassen gegangen war, in Pension geschickt werden.

Bis in die dreißiger Jahre gab es auch noch die »Greahiata«, die Flurhüter, die ebenfalls mit einem »Hörndl« ausgerüstet waren und Äcker und Viehweiden bewachten.

Der Himmelhof war ein beliebtes Skigebiet. Der Ober St. Veiter Skiklub hat dort eine heute verfallene Sprungschanze gebaut. Von der Spitze des Roten Berges bis zur Wagenfabrik Rohrbacher führte eine Rodelbahn, die »Todesbahn« genannt wurde. Im Bereiche Bossigasse–Schrutkagasse gab es Sümpfe, die im Winter als Eislaufplatz dienten.

In der Wolkersbergenstraße, bei der Jagdschloßgasse, stand viele Jahre lang ein Ringelspiel. »Das Kleine Blatt« vom 5. Mai 1927 berichtet: »In Hietzing steht eines jener Ringelspiele, die vergebens versuchen, den Prater zu ersetzen. Trotzdem ist es der Anziehungspunkt der Burschen und Mädchen der Umgebung, die allabendlich dort zusammentreffen. Dienstag nacht arteten die gewöhnlichen Streitigkeiten zu einer argen Rauferei aus; die immer locker sitzenden Messer wurden gezogen, und schon begann eine wilde Stecherei, bei der zwei Burschen erheblich verletzt wurden.«

Man erzählt auch heute noch von manchen Originalen, die damals in Ober St. Veit lebten. Da gab es den Zobel, der gegen die Welt rebellierte und mit einer Ziege in einer Laubhütte hauste. Er lebte davon, daß er die Milch der Ziege verkaufte. Zobel war ein guter Zeichner; wer ihm einen Bleistift schenkte, wurde dafür von ihm porträtiert. Als der Zweite Weltkrieg begann, weigerte sich Zobel, einzurücken. Er wurde deshalb erschossen.

Tragisch endete auch der »Eisbeutl«, ein Mann, der mit einem Pferdegespann Eisblöcke geführt hat. Er nahm auch immer am Faschingszug teil, als Neger geschminkt. Er wurde an einem kalten Wintertag, nachdem man ihn betrunken gemacht hatte, auf einen Tisch im Garten eines Wirtshauses gelegt, seine Hände steckte man in ein Schaff voll Wasser. Am nächsten Tag wurde er tot aufgefunden. Die polizeiliche Suche nach den Schuldigen blieb ergebnislos.

DAS ENDE DER DEMOKRATIE

1929 begann die Weltwirtschaftskrise. Die wirtschaftliche Lage verschlechterte sich rasch, ein Drittel der Wiener Berufstätigen wurde arbeitslos, die meisten jungen Menschen fanden weder eine Lehrstelle noch einen Arbeitsplatz.

Auch die politischen Gegensätze in Österreich verschärften sich immer mehr. Die beiden großen politischen Parteien, die Christlich-Sozialen und die Sozialdemokraten, hatten Wehrverbände aufgestellt, die Heimwehr und den Schutzbund. Die Heimwehr zeigte immer offener ihr Ziel, die Demokratie zu zerstören, der

Schutzbund orientierte sich auf die Verteidigung der Republik.

1933 wurde das Parlament ausgeschaltet, die christlich-soziale Regierung Dr. Dollfuß regierte mit Notverordnungen. In den Morgenstunden des 12. Februar 1934 versuchte die Polizei, in die Linzer Zentrale des Schutzbundes einzudringen, um die dort befindlichen Waffen zu beschlagnahmen. Die Schutzbündler setzten sich zur Wehr, es kam zum Bürgerkrieg, der vor allem in Wien viele Opfer forderte und schwere Schäden verursachte. Der schlecht bewaffnete Schutzbund wurde von Heimwehr, Bundesheer und Polizei niedergeworfen.

In Ober St. Veit sollten sich die Schutzbündler auf dem Goldmarkplatz treffen. Der Platz war allerdings schon von Polizei besetzt, die Schutzbündler wurden mit weit überlegener Feuergewalt angegriffen und mußten sich zurückziehen. Der Schuhmacher Karl Münichreiter, bereits verwundet, deckte den Rückzug seiner Genossen. Er wurde verhaftet und trotz seiner schweren Verletzungen am 14. Februar vor ein Standgericht gebracht, das ihn zum Tode verurteilte. Das Gericht plädierte für Gnade, auch Bundespräsident Wilhelm Miklas setzte sich für eine Begnadigung ein, aber Justizminister Dr. Kurt von Schuschnigg, später Bundeskanzler, bestand auf der Hinrichtung. Sie wurde drei Stunden nach dem Urteil durchgeführt, Karl Münichreiter wurde auf der Tragbahre zum Galgen geschleppt.

Mehr als 1000 Menschen kamen bei den Kämpfen ums Leben, Tausende Sozialdemokraten, Kommunisten und Gewerkschaftler wurden verhaftet. Tot war auch die demokratische Republik, ein autoritäres Regime übernahm die Macht.

Jahre der Diktatur (1934–1945)

Das autoritäre Regime, das 1934 die Macht ergriffen hatte, konnte die wirtschaftlichen Probleme nicht lösen, die Massenarbeitslosigkeit blieb bestehen.

Die verbotenen Organisationen der Arbeiterschaft leisteten von Anfang an illegalen Widerstand. Der Ober St. Veiter Schutzbündler Karl Münichreiter war ein Symbol dieses Widerstandes. Im Sommer 1934 wurde in ganz Wien ein Flugblatt mit folgendem Text verbreitet:

»Karl Münichreiter, Sozialist und Schutzbündler, wurde von den Regierungsbestien schwerverwundet auf der Tragbahre zum Galgen gebracht. Er war der erste Märtyrer des österr. Proletariats in den Februartagen 1934. Unter dem Galgen haben wir geschworen: Wir vergessen nicht! Wir kommen wieder!«

Am 1. November 1934 wurde Münichreiters Grab auf dem Zentralfriedhof mit roten Schleifen geschmückt.

Vor allem in der Umgebung der Ober St. Veiter Betriebe, aber auch beim Lainzer Krankenhaus und Versorgungshaus, im Schönbrunner Schloßpark und an anderen Stellen des Bezirks wurden immer wieder Flugblätter gestreut, die zum Widerstand gegen das autoritäre Regime aufriefen.

DIE NATIONALSOZIALISTEN

Eine neue Gefahr wurde immer stärker spurbar: das nationalsozialistische Deutsche Reich. 1938 gab es Versuche, die Feinde von 1934 gegen diesen gemeinsamen Feind zu verbünden, aber es war bereits zu spät: Am 13. März 1938 marschierten deutsche Truppen über die österreichische Grenze. Österreich wurde dem Deutschen Reich einverleibt, der Name Österreich wurde von den Landkarten gestrichen.

Trotz härtester Verfolgungsmaßnahmen gelang es den Nationalsozialisten nicht, den Widerstand gegen ihr Schreckensregime völlig zu unterbinden.

So berichtet die Sicherheitsdienst-Außenstelle Wien 7 am 17. Februar 1939: »In letzter Zeit wurde wieder eine verstärkte kommunistische Tätigkeit festgestellt. So wurden in der Zeit vom 7. zum 8. Februar vom Umspannwerk, Hietzinger Kai 103, 2 rote Raketen abgeschossen. Der Zweck dieser Demonstration ist zweierlei: 1. Die Bevölkerung in Unruhe zu versetzen, 2. den Beweis zu liefern, daß im Ernstfalle lebenswichtige Objekte von der KP vernichtet werden könnten. Die polizeilichen Erhebungen nach den Tätern blieben bisher erfolglos. Im Schönbrunner Filmatelier, welches derzeit 80–90 Personen beschäftigt, wurden in letzter Zeit die Wände mit den kommunistischen Emblemen beschmiert. Nach Entfernung derselben wieder erneut. Außerdem wurden in letzter Zeit verschiedene Streuzettelaktionen bemerkt, allerdings in primitivster Ausführung.«

DIE STRASSENBAHNER VON SPEISING

Manchmal wurden Hinrichtungen von Widerstandskämpfern auf blutroten, schwarzbedruckten Plakaten mitgeteilt. Im Sommer 1943 wurden in Wien solche Plakate mit folgendem Text affichiert:

»Die am 16. Dezember 1942 vom Volksgerichtshof wegen Vorbereitung zum Hochverrat zum Tode und zum dauernden Verlust der bürgerlichen Ehrenrechte Verurteilten Hedwig Urach, 32 Jahre alt, Wladimir Zaul, 28 Jahre alt, und Franz Tesarik, 31 Jahre alt, sämtlich aus

Wien, sind heute hingerichtet worden. Berlin, den 17. Mai 1943. Der Oberreichsanwalt beim Volksgerichtshof.«

Die auf diesem Plakat genannte Hedwig Urach war die Tochter eines Straßenbahners, sie wohnte in den Straßenbahnerhäusern beim Betriebsbahnhof Speising. Sie war Kommunistin, wurde schon 1937 wegen der Verbreitung illegaler Flugschriften verhaftet. Knapp vor der Besetzung Österreichs wurde sie freigelassen, dann von der Gestapo neuerlich festgenommen, aber nach einigen Tagen enthaftet. Da sie mit einer neuerlichen Verhaftung rechnen mußte, floh sie nach Belgien. Dort wurde sie nach Kriegsbeginn interniert und fiel nach der Besetzung des Landes durch deutsche Truppen in die Hände der Gestapo. Sie konnte jedoch ausbrechen und fuhr illegal nach Kärnten, von dort nach Wien. 1941 wurde sie neuerlich verhaftet, 1942 zum Tode verurteilt, 1943 hingerichtet.

Eine Gedenktafel am Bahnhof Speising erinnert an Hedwig Urach und an drei Straßenbahner, die hingerichtet wurden: Emil König, Heinrich Lochner und Max Schrems. König war vielen Hietzingern bekannt, weil er die Arbeiterbücherei in der Waidhausenstraße geleitet hatte. In seinem letzten Brief vor seiner Hinrichtung am 25. Oktober 1943 schrieb er an seine Familie: »Meine Allerliebsten! Mutti, Helga und Schurli! Hellafrau, erst gilt Dir, meiner besten Kameradin des Lebens, das für mich heute ein Ende nimmt, mein Gruß. Ich weiß doch, daß Du unsere Kinder mit festen Schritten durchs Leben begleiten wirst. Das ist mein Trost. Ich gehe den Weg vieler Kameraden dieser traurigen Zeit, ich bin nicht allein. Helga, vor dreizehn Jahren hatte Dich Mutter zur Welt gebracht. Es war für uns eine Zeit der freudigen Hoffnung. Dein Vater stand immer in der Reihe der

Männer, die für Recht und Freiheit kämpften. Mutti, Helga und Schurli, Ihr seid mir das Teuerste auf der Welt, und trotzdem fordern Moral und Recht von mir, für sie einzustehen bis zum letzten. Die letzten Minuten gehe ich mit geschlossenen Augen, um nicht diese Schande der Menschheit an ihren besten Freunden zu sehen. Eine Bücherei in meinem Bezirke, sie soll in meinem Geiste geführt werden – das ist meine Bitte an die Allgemeinheit.«

Emil König, Heinrich Lochner und Max Schrems wurden beschuldigt, daß sie für die »Rote Hilfe« Geld gespendet und gesammelt hatten. Die »Rote Hilfe« unterstützte notleidende Angehörige von Personen, die aus politischen Gründen eingesperrt waren. Das genügte bereits für ein Todesurteil.

DER ZWEITE WELTKRIEG

Am 1. September 1939 begann mit dem Überfall Deutschlands auf Polen der Zweite Weltkrieg. Tausende Hietzinger mußten einrücken, viele von ihnen kamen nicht mehr zurück. Wie schon im Ersten Weltkrieg wurden in fast der Hälfte der Schulen Notlazarette eingerichtet. Die Schüler wurden in den verbleibenden Schulen zusammengezogen, wo sie abwechselnd vormittags und nachmittags Unterricht hatten. Je länger der Krieg dauerte, desto weniger Lebensmittel und Bedarfsgüter gab es.

Ab Herbst 1943 war Österreich von Italien aus für die alliierten Bombergeschwader erreichbar, im März 1944 erfolgte der erste Luftangriff auf Wien. Hietzing war vorerst von den in immer kürzeren Abständen folgenden Bombardements nur wenig betroffen. Am 19. und 21. Februar 1945 kam es jedoch zu konzentrierten

Bombenwürfen auf den 13. Bezirk, wobei unter anderem 269 Bomben auf das Areal von Schönbrunn und zehn Bomben auf acht Objekte im Versorgungsheim Lainz fielen. Auch der Turm und der Festsaal des Amtshauses am Hietzinger Kai wurden zerstört. In allen Teilen des Bezirkes wurden Häuser und Wohnungen zerstört oder durch schwere Beschädigungen unbenützbar.

ÖSTERREICHS WIEDERGEBURT

Der Krieg war für Hitler-Deutschland längst verloren. Aber die Nationalsozialisten setzten den Krieg fort und opferten noch Zehntausende Menschen, um ihre Herrschaft um ein paar Wochen zu verlängern.

Am 28. März 1945 überschritten sowjetische Truppen auf der Straße Steinamanger–Rechnitz die österreichische Grenze und rückten gegen Wien vor. Am 7. April erreichten sie von Westen die Stadtgrenze Wiens, am 9. und 10. April wurde der 13. Bezirk nahezu kampflos besetzt, am 13. April flohen die letzten deutschen Truppen aus Wien.

Dr. Karl Renner, Österreichs Staatskanzler bei der Gründung der Republik im Jahre 1918, wurde auch zum Begründer der Zweiten Republik. Er hielt sich Anfang April 1945 in der Nähe von Gloggnitz auf. Bereits am 3. April stellte er Kontakt mit den sowjetischen Truppen her, am 4. April verhandelte er schon im Hauptquartier der sowjetischen Truppen in Hochwolkersdorf und bot an, bei der Bildung einer zivilen Verwaltung Österreichs mitzuwirken.

Während am Donaukanal noch gekämpft wurde, kam Renner nach Wien. Die Sowjetarmee übergab ihm die Blaimscheinvilla (Ecke Lainzer Straße und Wenzgasse,

benannt nach dem früheren Besitzer, dem Margarine-
fabrikanten Blaimschein, 1938 von den Nationalsozialisten beschlagnahmt, später von der Botschaft des
Iran gekauft, unter anderem Wohnsitz des Schah von
Persien) als vorläufigen Amtssitz.

In Wien konstituierten sich die politischen Parteien —
die Österreichische Volkspartei mit Leopold Kunschak
an der Spitze, die Sozialistische Partei Österreichs mit
Dr. Adolf Schärf als Vorsitzendem und die Kommunistische Partei Österreichs unter der Führung von Johann
Koplenig. Renner verhandelte in der Blaimscheinvilla
von 20. bis 27. April mit den drei Parteichefs und ihren
engsten Mitarbeitern. Das Ergebnis dieser Verhandlungen war die Bildung der Provisorischen Staatsregie-
rung mit dem Staatskanzler Dr. Karl Renner an der Spitze. Am 28. April wurde die Regierung im Roten Salon
des Wiener Rathauses konstituiert. Von dort begab sie
sich ins Parlament, wo die »Unabhängigkeitserklä-
rung« proklamiert wurde, die mit den Worten beginnt:
»Die demokratische Republik Österreich ist wiederhergestellt.«

Der Großteil Österreichs war damals noch Kriegsgebiet,
erst am 8. Mai kapitulierte die Deutsche Wehrmacht be-
dingungslos. In den folgenden Wochen wurde die Regierung Renner von allen österreichischen Bundeslän-
dern anerkannt. Die Bildung der Regierung Renner und
ihre allseitige Anerkennung waren die entscheidenden
Voraussetzungen dafür, daß Österreich als freier, de-
mokratischer Staat wiedererstand.

Die Zweite Republik

Während Renner in der Blaimscheinvilla die Wiedergeburt Österreichs vorbereitete, bildeten sich überall in Wien die lokalen Organisationen der drei Parteien ÖVP, SPÖ und KPÖ und übernahmen die zivile Verwaltung. Da es vorerst keine Verkehrsmittel, kein Telefon und keine Post, dafür eine nächtliche Ausgangssperre und auf den Straßen äußerst unsichere Verhältnisse gab, waren die Teile des ausgedehnten 13. Bezirks vorerst auf sich allein gestellt. Die ersten Verwaltungen bildeten sich für die einstigen Ortsgemeinden.

Drei Aufgaben standen im Vordergrund: die Versorgung der Bevölkerung mit Lebensmitteln und Wasser, die Unterbringung der Obdachlosen und die Verhinderung von Seuchen.

Es bestehen genaue Aufzeichnungen darüber, wie in Hacking für damals rund 2000 Menschen die notdürftige Versorgung mit Lebensmitteln gesichert wurde. Was in den Lebensmittelgeschäften vorhanden war, reichte gerade für eine Sonderaktion, mit der Kleinkinder, Schwangere und Wöchnerinnen versorgt werden konnten. Von Ober St. Veit kamen als Nachbarschaftshilfe 150 Laib Brot (für 2000 Menschen!) und Milch für Kleinkinder und Schwangere. Durch Vermittlung des St.-Josef-Krankenhauses konnten 800 kg Erdäpfel aufgetrieben werden, die bei den etwas besser mit Vorräten ausgestatteten Hütteldorfern gegen 200 kg Mehl, 300 Laib Brot und 4 Karton Knäckebrot eingetauscht wurden. Diese Lebensmittel wurden verteilt.

Zwei Tage lang gab es dann überhaupt nichts, außer einem Stück Seife für jedes Kleinkind bis zu zwei Jahren. Plötzlich gab es in Hacking fünf Pferde. Niemand weiß, woher sie kamen, es wurde behauptet, daß sie sich herrenlos nach Hacking verirrt hatten. Mit diesen Pferden konnte die weitere Umgebung aufgesucht werden. Dabei gelang es, vor allem im Tausch gegen die Pferde, folgende Lebensmittel für die 2000 Hackinger aufzutreiben: 1066 Laib Brot, 640 kg Mehl, 1100 kg Zucker, 180 kg Lebkuchen, 30 kg Keks, 2 Karton Konserven, 75 kg Malzkaffee, außerdem 1296 Stück Seife. Das mußte für eine Woche reichen. Dann erst begann die – äußerst dürftige – zentral organisierte Lebensmittelzuteilung.

Obdachlose wurden im 13. Bezirk provisorisch in Schulen und in Villen, die sich Nationalsozialisten im Jahre 1938 angeeignet und 1945 bei ihrer Flucht aus Wien verlassen hatten, untergebracht.

Bei der Seuchenbekämpfung war Hietzing dank der großen Spitäler mit ihren Ärzten und Medikamenten in einer etwas besseren Lage als die meisten anderen Wiener Bezirke. Hietzing konnte sogar den Nachbarbezirken in dieser Hinsicht helfen.

Die provisorische Bezirksverwaltung wurde vorerst in den Bezirksgrenzen von 1937 eingerichtet, also für den jetzigen 13. und 14. Bezirk gemeinsam. Erst Anfang 1946 wurden die beiden Bezirke wieder getrennt und der 13. Bezirk in seinen heutigen Grenzen fixiert. Dabei kamen auch jene Teile des Lainzer Tiergartens, die bis 1938 bei Niederösterreich und dann beim 25. Gemeindebezirk (Liesing) gewesen waren, zum 13. Bezirk.

WOHNBAU

Stand in den ersten Nachkriegsjahren die Wiederherstellung der kriegsbeschädigten Wohnungen im Vordergrund, so setzte ab 1950 eine Neubautätigkeit ein, die nicht dem Ersatz der kriegszerstörten Häuser dien-

te, sondern auch der Schaffung zusätzlicher Wohnge-
biete. Die erste neue Wohnanlage der Gemeinde Wien
war die Kongreßsiedlung. Sie wurde noch in der unmittelbaren Nachkriegszeit gebaut, als es angesichts der
drückenden Wohnungsnot galt, möglichst rasch und
mit möglichst geringem Aufwand an Geld und Material
menschenwürdige Wohnungen zu errichten.
Weitere große Wohnbauten der Gemeinde Wien entstanden im »Zwickel« Hetzendorfer Straße—Feldkellergasse, in der Lainzer und in der Speisinger Straße, am
Roten Berg und am Gemeindeberg, zwischen Hietzinger Kai und Auhofstraße und in anderen Teilen unseres
Bezirkes.
Es wurde außerdem von Genossenschaften und Bau-
vereinigungen gebaut, vor allem am Rand des Bezirkes
entstanden zahlreiche Einfamilienhäuser. Es gibt im
13. Bezirk 8 Siedlervereine mit 2200 Mitgliedern und
31 Kleingartenvereine mit 4500 Mitgliedern.
Insgesamt wurde die Zahl der Wohnungen im 13. Bezirk
seit Kriegsende ungefähr verdoppelt.
Der Wohnbau erforderte auch umfangreiche Bauten
zur Sicherung der Versorgung mit Wasser, Strom und
Gas und für die Kanalisierung. Besonders groß angelegt waren die Arbeiten zur Kanalisierung der Sied-
lungsgebiete im Bereich des Lainzer Tiergartens. Zwei
neue Umspannwerke (Auhof 1955 und Speising 1973)
dienen einer ausreichenden Stromversorgung.

JUGENDGÄSTEHAUS UND VOLKSHOCHSCHULE

Zwei öffentliche Bauten erlangten für unseren Bezirk
besondere Bedeutung.
In den Jahren 1956 bis 1958 wurde in Hacking, Schloßberggasse 8, ein Jugendgästehaus gebaut, das aller-

dings als »Jugendgästehaus Hütteldorf« bekannt wurde. Nach dem Zweiten Weltkrieg nahm der Tourismus
einen großen Aufschwung. Die Stadtverwaltung erkannte rechtzeitig, daß es vor allem auch zu einer Zunahme der Jugendreisen kommen werde. Zuerst wurde
deshalb das Gebäude im Pötzleinsdorfer Schloßpark
als Jugendgästehaus adaptiert, dann der Bau des zweiten Wiener Jugendgästehauses in Hacking beschlossen. Im Erdgeschoß und einem anschließenden Flach-
bau sind die Eintrittshalle, ein großer Tagraum, ein Le-
seraum mit Bücherei, der Speisesaal, die Küche und
Betriebs- und Lagerräume untergebracht. Darüber er-
heben sich sechs Geschosse, in denen 240 Schlafstel-
len in 30 Räumen eingerichtet sind, dazu in jedem Ge-
schoß ein Gemeinschaftsraum. Dem Jugendgästehaus
ist ein Touristentrakt für 60 Personen angegliedert.
In den Jahren 1971 bis 1974 wurde zwischen Speisinger
Straße, Feldkellergasse und Hofwiesengasse die
Volkshochschule Hietzing errichtet. Der 13. Bezirk erhielt damit ein wichtiges Bildungs- und Veranstaltungszentrum, zu dem auch eigene Räume und Einrichtungen für die Jugend gehören.
Weitere Bauten waren das Jugendwohnheim Amalien-
straße 51 und die Union-Sporthalle in der Altgasse.

VERKEHR UND BELEUCHTUNG

Zahlreiche Bauten dienen der Verbesserung der Verkehrsverhältnisse. Neben dem Bau der Kennedy-
Brücke (siehe Kapitel »Der Wienfluß«) kommt der Er-
setzung der alten, unzulänglichen Kernbrücke durch
die 21 Meter breite und 47 Meter lange Stranzenbergbrücke im Jahre 1971 besondere Bedeutung zu. Zahlreiche Straßen wurden ausgebaut, viele wichtige Kreu-

zungen (zum Beispiel Hietzinger Hauptstraße–Lainzer Straße und Hermesstraße–Wolkersbergenstraße) wurden im Interesse eines reibungsloseren Verkehrs und erhöhter Sicherheit umgebaut. Für Hietzing von großer Bedeutung ist auch der Ausbau der Grünbergstraße und der Straßenzüge Edelsinnstraße–Fasangartengasse und Atzgersdorfer Straße–Hetzendorfer Straße. Der Verbesserung der Verkehrs- und der Sicherheitsverhältnisse diente der Ausbau der öffentlichen Beleuchtung. Schon 1918 hatte die Gemeinde Wien damit begonnen, die unzulängliche Gasbeleuchtung, die teuer und lichtschwach war, systematisch durch eine elektrische Beleuchtung zu ersetzen. Am 27. November 1962 wurde die letzte Wiener Gaslaterne in Hietzing am Platz feierlich gelöscht.

Diese Entwicklung überschnitt sich mit dem Übergang zu Leuchtstofflampen. Der erste Großversuch damit wurde 1956 im Bereich Hietzinger Hauptstraße–Speisinger Straße durchgeführt, wobei 300 Leuchtröhren montiert wurden.

Der Ausbau seit 1945 erfolgte auf allen Gebieten. Es gibt jetzt in Hietzing acht öffentliche Schulen und 16 öffentliche Kindertagesheime. Über den für Hietzing besonders wichtigen Ausbau der Krankenhäuser und der Einrichtungen für ältere Menschen sowie über das ORF-Zentrum auf dem Küniglberg und das Amtshaus berichten eigene Kapitel dieses Buches.

Schönbrunn

Im Jahre 1683 war das kaiserliche Jagdschloß »Katterburg« vernichtet worden. In einem Bericht der Hofkammer an den Kaiser hieß es, daß »das Holtz im Tier-

garten zu Schönbrunn vom Erbfeindt ganz niederge-
haut, und kaum etlich stamb aufrecht gelassen worden«. Die Tiere waren getötet, der Brunnen vernichtet,
die Gebäude in Brand gesteckt worden.

Bemerkenswert an diesem Bericht ist auch, daß bereits
die Ortsbezeichnung »Schönbrunn« aufscheint. Die
Quelle, die so genannt wird, war 1622 entdeckt worden.
Ihr Wasser wurde besonders gerühmt. Die Quelle ent-
sprang zwischen vier Linden. 1642 oder 1643 wurde sie
gefaßt. Zwischen den Bäumen wurde eine weibliche
Marmorfigur aufgestellt, eine Quellnymphe, aus deren
Brüsten Wasser quoll. Damals kam die Bezeichnung
»Schöner Brunnen« und davon abgeleitet die Ortsbe-
zeichnung »Schönbrunn« auf.

In den späteren achtziger Jahren, während der siegrei-
chen Kämpfe gegen die Türken, wurden die kaiserlichen Besitztümer in der Umgebung Wiens wiederhergestellt. Aus dieser Zeit stammt auch der älteste Plan für
den Neubau Schönbrunns von Johann Bernhard Fischer von Erlach. Er war nach Studien in Italien 1687
nach Wien heimgekehrt und entwarf 1668 bis 1690 seinen ersten Schönbrunn-Plan. Es gibt einige Hinweise
darauf, daß er das nicht im kaiserlichen Auftrag getan
hat, sondern um dem Kaiser an einem Modellbeispiel
seine Fähigkeiten zu zeigen.

Dieses erste Fischer-Projekt sah eine grandiose Anlage
mit einem Schloß auf der Anhöhe, wo jetzt die Gloriette
steht, vor. Sie sollte zweifellos Schloß Versailles, das
ganz Europa bewunderte, an Grandiosität ebenbürtig
sein, zeichnete sich aber darüber hinaus durch eine
bessere Gliederung aus.

Die finanzielle Lage des Staates machte die Ausführung
dieses großen Projektes unmöglich.

DER BAU DES SCHLOSSES

1695 gab Kaiser Leopold I. Fischer von Erlach den Auftrag, einen neuen Entwurf auszuarbeiten, der die finanziellen Möglichkeiten und die künftige Verwendung des Schlosses — es sollte wieder ein Jagdschloß werden — berücksichtigte. Statt auf der Anhöhe sollte es nun wieder beim Eingang in den kaiserlichen Tiergarten entstehen — wo es heute steht.

Fischer von Erlach konzipierte ein kleines, doch elegantes Schlößchen. Das war nun dem Kaiser wieder zu bescheiden. Auf seine Anordnung mußten die beiden Seitenflügel angefügt werden, die groß genug waren, um den ganzen Hofstaat unterzubringen.

1696 wurde mit dem Bau begonnen, um 1700 war der Mittelteil im Rohbau fertig, erst 1713 standen auch die Seitenflügel. Leopold I. war 1705 gestorben, sein Sohn Josef I. 1711. Der neue Kaiser, Karl VI., besuchte Schönbrunn nie.

1723 starb Fischer von Erlach. In den folgenden Jahren erhielt das Hofbauamt immer ärgere Berichte über den elenden Zustand der Dächer des Gebäudes. 1735 und 1737 wurden deshalb Steildächer aufgesetzt, die der kaiserliche Maurermeister Anton Erhard Martinelli entworfen und ausgeführt hat. Damit wurde der elegante Bau völlig verunstaltet.

Die Situation änderte sich völlig, als Maria Theresia 1740 den Thron bestieg. Sie wollte die kaiserliche Sommerresidenz »Favorita«, in der ihr Vater gestorben war, nicht mehr betreten, sie machte Schönbrunn zu ihrem Sommersitz.

Am 25. Februar 1743 gab Maria Theresia den Auftrag, daß Schloß Schönbrunn »nicht nur repariert, sondern auch erweitert und zur bequemen Unterbringung der

Hof Statt ausgebaut werden« solle. Mit der Leitung der Arbeiten, die zwischen 1743 und 1749 erstaunlich rasch durchgeführt wurden, betraute Maria Theresia den jungen Architekten Nikolaus Pacassi.

Nikolaus Pacassi wurde am 5. März 1716 in Wiener Neustadt geboren, absolvierte die Akademie und trat dann in den Hofdienst. Wieso er mit erst 27 Jahren und ohne offizielles Hofamt den Auftrag erhielt, Schönbrunn um- und auszubauen, ist nicht mehr feststellbar. Erst 1745 wurde er Hof-Unterbaumeister, 1748 Hofarchitekt, 1760 Oberhofarchitekt. Neben der Gestaltung von Schloß Schönbrunn sind seine bedeutendsten Arbeiten der Umbau von Schloß Hetzendorf, der Geheimen Hofkanzlei (heute Bundeskanzleramt), des Schlosses Laxenburg und des Erzbischöflichen Schlosses in Ober St. Veit sowie der Bau des Kärntnertortheaters. Pacassi starb am 11. November 1790 in Wien.

Unter Pacassi erhielt das Schloß im wesentlichen seine heutige Form. Er ließ die wuchtigen Steildächer entfernen und durch elegante Pultdächer ersetzen. An der Seite zum Park, wo Fischer von Erlach eine prunkvolle Auffahrt gebaut hatte, ließ er statt dessen die zweiarmige Freitreppe errichten, die sich viel besser dem Gebäude anpaßt.

DAS INNERE DES SCHLOSSES

Bedeutende Veränderungen führte Pacassi auch bei der Anordnung der Räume durch. Fischer von Erlachs Gliederung entsprach dem steif-festlichen Stil des imperialen Barock. Typisch dafür war der »Große Saal«, der genau in der Mitte quer durch das ganze Gebäude verlief. Fast den ganzen übrigen Mitteltrakt nahmen saalartige Vor- und Warteräume ein.

Pacassi schuf statt dessen ein stärker gegliedertes Rokoko-Ensemble, dessen Linien parallel zur Außenfront verlaufen. Es umfaßt die Große und die Kleine Galerie, das Rundkabinett und das Ovalkabinett.

Pacassi war zweifellos ein genialer Architekt. Allerdings deutet schon das Tempo des Umbaus darauf hin, daß er auf eine exakte Durchführung der Arbeiten weniger achtete. Es traten schon in den sechziger Jahren Schäden an den Baulichkeiten auf. 1765 wurde Pacassi deshalb als leitender Architekt von Johann Ferdinand Hetzendorf von Hohenberg ersetzt, dem Thaddäus Adam Karner als Bau- und Schloßinspektor beigegeben wurde. 1766 mußten nicht weniger als 75 000 Gulden für die Behebung von Bauschäden aufgewendet werden. Pacassi wurde schließlich 1772 aus dem kaiserlichen Dienst entlassen.

Im Zuge der nahezu permanent notwendigen Reparaturen wurden bis 1780 ständig kleinere Veränderungen durchgeführt, an der Gestaltung durch Pacassi änderte sich jedoch nichts Grundsätzliches mehr.

Gestaltung und Einrichtung der Innenräume stellen, von einigen späteren Ergänzungen abgesehen, in vollendeter Form österreichisches Rokoko dar. Das Rokoko hat seinen Namen vom französischen »Rocaille« (Muschel), nach den häufig verwendeten muschelartig geschwungenen Formen. Es entstand um 1720 in Paris und verbreitete sich sehr rasch als »modern style« beim Adel in ganz Europa. Das elegante, verspielte Rokoko löste den prunkvollen Barockstil ab.

EIN SCHLOSSBESUCH

Das Gebäude präsentiert sich im klassischen »Schönbrunner Gelb«, durch die grünen Fensterläden aufgegliedert. In der Mitte befindet sich die Durchfahrtshalle in den Hof mit fünf schmiedeeisernen Toren. In der Halle sind zwei Bronzestatuen. Beide zeigen den Sieger Herkules, einmal über den nemeischen Löwen, das andere Mal über den Drachen Sadon. Die Darstellungen werden Adrian de Vries zugeschrieben. Sie sind innen hohl und wurden angeblich als Öfen verwendet. Neben der Halle befinden sich im Erdgeschoß westlich das Gisela-Appartement mit zum Teil künstlerisch wertvollen Porträts aus dem 17. und 18. Jahrhundert, östlich das Kronprinzen- und das Goess-Appartement mit Fresken von Johann Bergl.

Über die blaue Stiege gelangt man zu den Schauräumen im ersten Stock. Nach Durchquerung einiger Nebenräume erreicht man das Arbeitszimmer von Kaiser Franz Joseph I., das ein Wandgemälde von Franz Matsch, »Gratulation der deutschen Bundesfürsten zum 60jährigen Regierungsjubiläum«, schmückt. Daneben befindet sich das Schlafzimmer des Kaisers mit einem Spiegel, einem Waschtisch, einem Betstuhl und dem einfachen Eisenbett, in dem Franz Joseph am 21. November 1916 starb.

Das anschließende Appartement von Kaiserin Elisabeth enthält zahlreiche Gemälde aus der Schule des von Maria Theresia bevorzugten Hofmalers Martin von Meytens. Parkseitig schließt sich daran das große Spiegelzimmer, in dem die mächtigen, von schweren Goldrahmen eingefaßten Wandspiegel den Eindruck der vielfachen Wiederholung erwecken. Der Raum ist in Weiß mit verschwenderischer Goldverzierung gehalten, prächtige Glasluster erhöhen noch den Eindruck des Prunkes.

Es folgen die drei Rosa-Zimmer, benannt nach dem Maler Josef Rosa. Der spätere Direktor der kaiserlichen

Gemäldegalerie, die den Grundstock des Kunsthistorischen Museums bildete, schuf für diese Räume goldgerahmte Landschaftsbilder, die fast die ganze Höhe der Wände einnehmen. Es sind zum Teil wildromantische Alpenszenerien, darunter auch die Ruine des Stammsitzes der Habsburger in der Schweiz. Diese Bilder gehören zu den ältesten Zeichen einer Begeisterung für die Bergwelt, die zu dieser Zeit die Furcht vor den unwirtlichen Alpen zu überwinden begann.

Der Mitteltrakt beginnt mit dem Chinesischen Rundkabinett. Es ist einer von mehreren Räumen, die der Bewunderung des Rokoko für die Kultur des Fernen Ostens Ausdruck geben. Diese »Chinoiserien« waren für die Zeit geradezu typisch. In den meisten Schlössern und Palais wurde wenigstens ein Raum »chinesisch« eingerichtet, wobei man allerdings auch Objekte aus Japan, Indien und anderen fernöstlichen Ländern mit diesem Begriff umfaßte. Fast überall sind seither diese »China-Zimmer« verschwunden, nur in Schönbrunn blieben sie in so typischer und reicher Form erhalten. Das Rundkabinett zeigt dies vor allem in Lackarbeiten und Porzellan – die neben der Seide als besonders typisch und kostbar geschätzt wurden –, aber auch in Specksteinfiguren, Vogel- und Drachendarstellungen. In der Mitte des Raumes befindet sich ein versenkbarer Tisch, der es ermöglichte, ein Essen zu servieren, ohne daß Dienerschaft den Raum, in dem oft geheime Besprechungen stattfanden, betrat.

Anschließend befindet sich die Kleine Galerie, die genau die Mitte des Gebäudes bildet. Die Wände sind mit vergoldetem Rokokozierat geschmückt, das Deckengemälde von Gregorio Guglielmi (gemalt 1759) stellt allegorisch die Macht und die Tugend des Herrscherhauses dar.

Durch die Kleine Galerie erreicht man die mehr als 40 Meter lange und etwa 10 Meter breite Große Galerie. Durch elf Fenster fällt das Licht auf die goldumrahmten Spiegel, die den Anblick der prachtvollen Kristalluster vervielfachen. Die Deckenbilder von Gregorio Guglielmi, 1761 geschaffen, stellen die Macht des Hauses Habsburg dar: Das Mittelbild personifiziert die Kronländer der österreichisch-ungarischen Monarchie, die dem Herrscherpaar die besten Gaben aus ihren Ländern bringen, die seitlichen Bilder zeigen – in Anspielung auf den Siebenjährigen Krieg – die militärische Macht Österreichs und die Segnungen des Friedens.

Die beiden Galerien bringen besonders deutlich das Bemühen von Pacassi zum Ausdruck, die Schwere eines großen Bauwerks – die im Barock in Monumentalität umgesetzt wurde – zu überspielen. Fenster und Spiegel sollen den Eindruck der Weite eines Raumes verstärken, tragende Säulen sollen wirken, als dienten sie nur der Zierde.

In der Großen Galerie spürt man aber auch am stärksten, daß Pacassi diese Tendenz nicht ganz durchhalten konnte. Die Deckengemälde, die bei aller Symbolhaftigkeit von naturalistischer Kraft geprägt sind, passen sich der Verspieltheit des Rokoko nicht an. Sie entsprechen dem imperialen Repräsentationsbedürfnis des Herrscherhauses. Noch deutlicher wird dieser Eindruck im Zeremoniensaal mit den Bildern des Herrscherhauses, die dem Hofmaler Martin von Meytens und seiner Schule zugeschrieben werden.

Nun folgen zwei Räume, die der Vorliebe für den Fernen Osten Rechnung tragen. Zuerst der Blaue chinesische Salon, der wegen der Grundfarbe der chinesischen Tapeten und der mit chinesischer Seide bespannten Möbel seinen Namen erhielt. Hier unterschrieb Kaiser Karl am 11. November 1918 seine Abdankung. Im Vieux-Laque-Zimmer befinden sich prachtvolle chinesische Lackbilder, die Landschaften, Blumen und Vögel in Schwarz und Gold darstellen. Die Tafeln wurden um 1770 für 12 869 Gulden gekauft. Den exotischen Eindruck des Zimmers stören allerdings die drei großen Ölgemälde, die aktuelle kaiserliche Familiengeschichte darstellen.

Daneben liegt das Napoleon-Zimmer. Während der Besetzung Wiens durch Napoleons Truppen in den Jahren 1805 und 1809 war es das Schlafzimmer des französischen Kaisers. Sein Sohn, der Herzog von Reichstadt, starb hier am 22. Mai 1832.

Ein Familienraum war das Porzellanzimmer. Der Entwurf dafür soll von Isabella von Parma, der ersten Gattin Josephs II., stammen. Die Wände sind mit Holzornamenten überzogen, die durch ihre blau-weiße Bemalung den Eindruck von Porzellan erwecken. Blaue Tuschzeichnungen, die in den Feldern angebracht sind, stammen von Kaiser Franz Stephan und seinen Töchtern. Noch intimer und persönlicher wirkt das Miniaturenkabinett, für das Mitglieder der kaiserlichen Familie zahlreiche Miniaturbildchen gemalt haben. Auch im Schreibzimmer hängen Familienporträts en miniature und kleine Bilder, die unpathetisch das Alltagsleben der kaiserlichen Familie zeigen.

Zwischen Miniaturenkabinett und Schreibzimmer liegt allerdings noch das Millionenzimmer (ursprünglich Vicatin-Cabinet, dann verballhornt Feketin-Zimmer genannt). »Vicatin« wurde das kostbare Rosenholz aus Mittelamerika genannt, mit dem die Wände getäfelt wurden. Prunkstück der Ausstattung sind 260 indische Miniaturen, die in 60 Tafeln mit vergoldeten Rocaillerahmen zusammengefaßt sind. Sie stammen aus dem späten 16. und frühen 17. Jahrhundert und stellen Szenen aus dem Hofleben des Mogulreiches dar. Vermutlich kamen sie über Konstantinopel nach Wien. Die Kosten für die Gesamtausstattung dieses Raumes, der von Maria Theresia für Audienzen benutzt wurde, sollen eine Million Taler ausgemacht haben.

Zu diesem Teil des Schlosses gehört auch noch die Schloßkapelle. Die Tabernakeltür, die Maria mit dem Leichnam Jesu darstellt, wird Georg Raphael Donner zugeschrieben, die Deckenfresken sind von Daniel Gran.

DER SCHLOSSPARK

Die ursprüngliche Parkanlage wurde von dem Franzosen Jean Trehet angelegt, der seit 1686 am kaiserlichen Hof als »Spaliermacher« und »Tappissier-Inspector«, also eigentlich als Innendekorateur, tätig war. Ab 1695 arbeitete er jährlich neun Monate in Schönbrunn an der Ausgestaltung des Gartens. Die bildlichen Darstellungen und die Schilderungen jener Zeit sagen nicht viel darüber aus, wie der Garten ausgesehen hat. Fest steht jedenfalls, daß in den folgenden Jahrzehnten die Grünanlagen ständig um- und ausgestaltet wurden, bis ihnen Ferdinand Hetzendorf von Hohenberg und Adrian van Steckhoven um 1765 im wesentlichen die heutige Form gaben. Es ist ein typisch französischer Garten – im Gegensatz zum englischen Landschaftsgarten – mit einem komplizierten System von Alleen, Wegen und Bosketten.

Innerhalb dieses Systems wurden mehrere kleine Garteneinheiten geschaffen, vor allem in der Nähe des Schlosses der Kronprinzengarten und der Kammergarten.

Die künstlich zurechtgestutzten Baumwände werden durch 32 Marmorstatuen aufgelockert. Der aus Gotha stammende und seit 1768 in Wien tätige Johann Christian Wilhelm Beyer hat sie mit 14 Mitarbeitern, aus Marmor, der von einem Steinbruch bei Sterzing in Tirol stammt, geschaffen. Die Statuen, die durchweg Personen und Motive der Antike darstellen, lassen sich als Wiedergabe von Ideen der josephinischen Aufklärung in mythologischer Form deuten.

Mehrere Brunnen sind in den Park einbezogen, wobei neben dem prächtigen Neptun- und dem Najadenbrunnen vor allem der Brunnen genannt werden muß, dem das Schloß seinen Namen verdankt. Die marmorne Quellnymphe des 17. Jahrhunderts war von den Türken zerstört worden. 1779 wurde ein – später möglicherweise umgestalteter – Pavillon über der Quelle errichtet. Beyer hat die Marmorstatue der Nymphe Egeria geschaffen, die in der linken Hand ein Füllhorn trägt und das Wasser aus einem Gefäß unter ihrem rechten Arm in eine große Muschel rinnen läßt.

Ferdinand Hetzendorf von Hohenberg stattete den Park mit zwei interessanten Bauwerken aus, der Obelisken-Kaskade (oder Sibyllengrotte) und der Römischen Ruine.

Den Abschluß der linken Diagonalallee bildet ein Obelisk, also ein sich nach oben verjüngender Steinpfeiler, auf einer barock gestalteten Grotte. Hohenberg übernahm mit dem adlergeschmückten Obelisken das Motiv, das schon Fischer von Erlach beiderseits der Schönbrunner Hofeinfahrt aufstellen ließ. (Die Erzählung, daß die Adler auf den Obelisken bei der Einfahrt von Napoleon stammen, ist falsch; diese Adler sind bereits einwandfrei auf Abbildungen aus dem 18. Jahrhundert erkennbar.) Der Obelisk von Hohenberg wird von vier Schildkröten getragen. Auf den Seitenwänden sind in Anpassung daran, daß Obelisken ein ägyptisches Baumotiv sind, vermeintliche Hieroglyphen angebracht, die angeblich die Geschichte des Hauses Habsburg bis Maria Theresia erzählen. Diese Hieroglyphen sind allerdings nichts anderes als sinnlose, rein graphische Nachahmungen altägyptischer Schriftzeichen. Die Figuren über der Grotte mit den barocken Wasserspielen sind Wassergottheiten.

Die Römische Ruine entspricht dem damals aufkommenden Interesse für Bauwerke aus längst vergangenen Zeiten. Hohenberg hat sich für diese Arbeit sehr intensiv mit echten römischen Ruinen und mit der antiken Baukunst beschäftigt, es ist ihm deshalb ein eindrucksvolles Bauwerk gelungen.

DIE GLORIETTE

Das Hauptwerk Hohenbergs in Schönnbrunn ist allerdings die Gloriette. Sein erster Gestaltungsvorschlag für die Höhe des Schönbrunner Berges fand zu seiner Zeit in Europa große Beachtung. Er wurde in vielen Städten als Beispiel moderner Parkarchitektur ausgestellt und trug Hohenberg die außergewöhnliche Ehre ein, als Ausländer zum ordentlichen Mitglied der Französischen Akademie ernannt zu werden. Dieser Plan sah vor, daß eine dreiteilige Wassertreppe zur Höhe emporführt, über der ein Pavillon gleichsam schwebt. Zu beiden Seiten der Wassertreppe sind Rampen, die mit Statuen, Säulen und Triumphbögen geschmückt werden sollten.

Das Projekt scheiterte aus dem gleichen Grund wie Fischer von Erlachs Plan, das Hauptgebäude auf der Höhe zu errichten: Es war zu teuer.

Hohenberg mußte auf die Gestaltung der Hügelflanke verzichten, es wurden lediglich nach einer Begradigung die Serpentinenwege angelegt. Beim Bau der Gloriette konnte er jedoch großartige künstlerische Ideen realisieren. Die monumentale Architektur, die aus der Ferne kulissenhaft wirkt, ist ein Musterbeispiel frühklassizistischer Architektur. Der wuchtige, wie ein römischer Triumphbogen gestaltete Mittelteil wird durch die luftigen Seitenflügel in die barocke Parklandschaft einbezogen. Von manchen Punkten wirkt das Bauwerk wie eine schwebende Brücke.

Das nach allen Seiten offene Gebäude vermittelt im Inneren ein eigenartiges Raumgefühl, das tatsächlich den größten Bauwerken der Antike nahekommt.

Hohenberg verwendete für die Gloriette auch Säulen und andere künstlerisch gestaltete Elemente aus dem verfallenden kaiserlichen Lustschloß Neugebäude in Simmering. Damit trug er vermutlich dem Sparwillen seiner Auftraggeber Rechnung, verstand es jedoch, diese Renaissancestücke harmonisch in sein eigenes Werk einzubeziehen.

ORANGERIE, BOTANISCHER GARTEN, PALMENHAUS

Die Kultivierung fremdländischer Pflanzen in Schönbrunn ist schon für 1660 nachweisbar. Damals wird von »welschen Bäumen und Pomerantzen Khüebeln« berichtet. Um 1700 gab es bereits beheizbare Glashäuser für südländische Gewächse. 1755 wurde die heute bestehende Orangerie links vom Schloß errichtet. Sie diente nicht der Forschung oder Pflanzenzucht, sondern war ein Teil des Ziergartens. Erst im 19. Jahrhundert wurde die Orangerie auch in die naturwissenschaftliche Arbeit in Schönbrunn einbezogen, wobei besonders die Kultivierung von Pfirsichbäumen große Bedeutung erlangte.

Auf einem brachliegenden Feld nahe der Hietzinger Kirche, dem heutigen Areal des Palmenhauses, ließ Kaiser Franz Stephan 1753 von dem holländischen Gärtner Adrian van Steckhoven einen »Holländischen Garten« anlegen, in dem vor allem Pflanzen aus der Heimat des Gärtners in Wien heimisch gemacht wurden. Aus dem Holländischen Garten wurde später ein Botanischer Garten, in dem viele bedeutende Naturwissenschaftler tätig waren.

Im Auftrag des Kaisers fuhr der aus Leyden stammende Nicolaus Jacquin mit drei Begleitern in die Karibik, um von dort exotische Pflanzen und Tiere nach Wien zu bringen. Die Expedition geriet in die Kämpfe zwischen England und Frankreich und wurde ein ganzes Jahr festgehalten. Dann kam sie mit reicher Ausbeute heim. Mittelgroße Bäume wurden mit der Erde ausgegraben, in Bananenblätter gehüllt, mit Pflanzenfasern zusammengeschnürt und netzartig eingebunden – und kamen so gut nach Schönbrunn. Fünfzig Kisten voll tropischer Bäume, Heil-, Gift- und Zierpflanzen und Kakteen brachte Jacquin – der über die Reise das Buch »Selectarum stripium americanarum historia« schrieb – nach Hause. Auch in den folgenden Jahrzehnten wurden im Auftrag der Kaiser Joseph II. und Franz II. botanische Expeditionen unternommen, die in die USA, nach Mittelamerika und nach Südafrika führten.

Großen Aufschwung nahm der Botanische Garten unter der Leitung des Hofgärtners Heinrich Wilhelm Schott. Nach Leitung einer Expedition nach Brasilien übernahm er 1845 die Direktion des Botanischen Gartens. Er ließ an der Maxingstraße einen neuen Botanischen Garten anlegen, brachte erstmals die »Viktoria regia« in

Mitteleuropa zum Blühen und initiierte vor allem den Bau des Palmenhauses, der 1880–1882 erfolgte. Es ist 110 Meter lang, 28 Meter breit und im Mittelteil 30 Meter hoch und bietet eine prachtvolle Schau exotischer Pflanzen. Derzeit ist es allerdings wegen baulicher Schäden geschlossen.

DER TIERGARTEN

Der ursprüngliche »Schönbrunner Tiergarten«, der das gesamte Parkareal umfaßte, war nichts anderes als ein Jagdgehege, in dem für einen großen und leicht jagdbaren Tierbestand gesorgt wurde.

Im 17. Jahrhundert kam in Frankreich, zuerst in Versailles, die Mode auf, Menagerien mit fremdländischen Tieren anzulegen. Prinz Eugen ließ im Oberen Belvedere eine kleine Menagerie einrichten und regte Kaiser Franz Stephan damit an, das gleiche zu tun. 1751 entwarf Jean Nicolas Jadot den heute noch erkennbaren Komplex von zwölf Tierhäusern, die kreisförmig um einen zentralen Pavillon gruppiert sind. Mit dem Bau dieses Pavillons – in dem Maria Theresia und ihr Gatte oft gefrühstückt und dabei die Tiere beobachtet haben – wurde 1759 die Anlage fertiggestellt.

Die erste große Attraktion der Menagerie waren die exotischen Vögel, die Jacquin aus der Karibik mitbrachte, eine Sensation für ganz Wien war 1799 die erste Giraffe. 1853 gab es schon 350 verschiedene Tierarten in Schönbrunn, 1902 waren es 496 Arten mit 1842 Tieren, jetzt sind es 851 Arten mit 4364 Tieren. Ständig wurde der Tiergarten weiter ausgebaut, vor allem unter Alois Kraus vor dem Ersten Weltkrieg und nach Entwürfen von Michael Engelhart nach dem Zweiten Weltkrieg.

Das gegenwärtige Bestreben geht dahin, den Tieren so

weit wie möglich einen natürlichen, aber jedenfalls einen gesunden Lebensraum zu bieten. Die einstmals äußerst hohe Sterblichkeit vor allem bei exotischen Raubtieren konnte in den letzten Jahrzehnten ganz wesentlich herabgesetzt werden.

WAGENBURG

In der einstigen Winterreitschule der kaiserlichen Familie in Schönbrunn wurden nach 1918 Prunkwagen aus den Hofmarställen, dem heutigen Messepalast, aufgestellt.

Das Prunkstück der Sammlung ist der klassische Krönungswagen, der anläßlich der Krönung Josephs II. zum Römischen König am 3. April 1764 in Frankfurt am Main verwendet wurde. Johann Wolfgang Goethe schreibt darüber in »Dichtung und Wahrheit«: »Der prächtigste Staatswagen, auch im Rücken mit einem ganzen Spiegelglas versehen, mit Malerei, Lackierung, Schnitzwerk und Vergoldung ausgeziert, mit rotem gesticktem Sammet obenher und inwendig bezogen, ließ uns ganz bequem Kaiser und König, die längst erwünschten Häupter, in aller ihrer Herrlichkeit betrachten.« Die Wagenbemalung schuf übrigens 1763 Franz X. Wagenschön.

Zur Sammlung gehören auch der Lombardische Krönungswagen Napoleons I., das Schlafcoupé, mit dem seine Gattin Maria Louise von Wien nach Frankreich reiste, und die Kinderkutsche für den Sohn der beiden, den Herzog von Reichstadt.

Die Prunkwagen der Sammlung wurden zuletzt 1916 anläßlich der Krönung Kaiser Karls in Budapest verwendet.

Zu den wichtigen Bauten in Schönbrunn gehört noch

das Schönbrunner Schloßtheater, über das im Kapitel »Theater in Hietzing« berichtet wird.

EREIGNISSE IN SCHÖNBRUNN

Maria Theresia machte Schloß Schönbrunn zu ihrem Sommersitz. Sobald es das Wetter erlaubte, zog sie nach Schönbrunn und dehnte im Herbst den Aufenthalt so lange wie möglich aus.

An einem Herbsttag war es auch, daß Wolfgang Amadeus Mozart, 6 Jahre alt, der Kaiserin vorspielen durfte. Vater Leopold Mozart schrieb darüber am 16. Oktober 1762 nach Hause:

»Nun läßt die Zeit mehr nicht zu in Eil zu sagen, als, daß wir von den Majestäten so außerordentlich gnädig sind aufgenommen worden, daß, wenn ich es erzählen werde, man es für eine Fabel halten wird. Genug! Der Wolferl ist der Kaiserin auf die Schoß gesprungen, sie um den Hals bekommen und rechtschaffen abgeküßt. Kurz, wir sind vor 3 Uhr bis 6 über bei ihr gewesen und der Kaiser kam selbst in das andere Zimmer heraus, mich hinein zu holen, um die Infantin auf der Violin spielen zu hören. Den 15ten schickte die Kaiserin durch den geheimen Zahlmeister, der in Galla vor unser Haus gefahren kam, 2 Kleider: eins für den Buben und eins fürs Mädel.«

Viele Familienfeste, darunter die Vermählung von Maria Theresias Thronfolger Joseph mit Isabella von Parma, wurden in Schönbrunn gefeiert.

Joseph II. schätzte allerdings Schönbrunn nicht sehr, es lag ihm zu weit von Wien entfernt. Als man ihm umfangreiche Renovierungsarbeiten vorschlug, ordnete er an, »nur zu flicken, als es ein ohnedies nicht bewohntes Schloß unentbehrlich nöthig hat«.

Erst Franz II. machte 1792 Schönbrunn wieder zum kaiserlichen Sommersitz. Napoleon residierte hier 1805 zwei Wochen, 1809 ein halbes Jahr lang. Dabei wurde der Friede von Schönbrunn geschlossen. Ein Jahr später wurde Maria Louise, die achtzehnjährige Tochter Kaiser Franz II., die Gattin Napoleons. Beider Sohn war Franz Joseph Karl, geboren am 20. März 1811 in Paris. Sein Vater verlieh ihm den Titel eines Königs von Rom, den der Knabe jedoch nach dem Sturz Napoleons verlor. Er kam nach Wien und erhielt vom Kaiser den Titel des Herzogs von Reichstadt, einer kleinen Herrschaft in Böhmen, die zum Herzogtum erhoben wurde. Franz lebte in Schönbrunn und erhielt eine seiner hohen Begabung entsprechende umfassende Ausbildung. Auch seine Karriere entsprach der eines Angehörigen der kaiserlichen Familie: Mit 18 Jahren wurde er Hauptmann, mit 19 Jahren Major, mit 20 Jahren Oberst. Unmittelbar nachher wurde ein schweres Lungenleiden erkennbar, an dem der Herzog von Reichstadt noch im gleichen Jahr, am 22. Juli 1832, starb.

Der Herzog von Reichstadt wurde in der Kapuzinergruft beigesetzt. 1940 wurde der Sarkophag auf ausdrücklichen Befehl Adolf Hitlers als »großmütige Geste« gegenüber dem besiegten Frankreich nach Paris gebracht und im Invalidendom beigesetzt. Das »Neue Wiener Tagblatt« vom 15. Dezember 1940 berichtete darüber: »Die alte Kapuzinergruft war in der Mittagsstunde des Donnerstags der Schauplatz eines seltenen Ereignisses, das sich trotz seiner Bedeutung in aller Stille vollzog und das nur wenige Zeugen gefunden hatte. Mit dem Glockenschlag 12 wurde nämlich durch das weit geöffnete, kunstvoll geschmiedete Eisentor, das sich zur rechten Hand des Einganges der Kapuzinerkirche befindet, ein alter, rund 900 Kilogramm schwerer Sar-

kophag von kräftigen Männern der Städtischen Lei-
chenbestattung herausgetragen und auf einen vier-
spännigen Galaleichenwagen gehoben, der vor dem
Kirchenportal gewartet hatte.«

Während des Wiener Kongresses gab es in Schönbrunn
mehrere glanzvolle Feste. In der Folgezeit wurde es
nur wenig benützt, erst Franz Joseph machte es
wieder zum kaiserlichen Sommersitz. Am 25. Mai
1873 wurde in Schönbrunn von Franz Joseph, Zar
Alexander II. von Rußland und dem deutschen Kaiser
Wilhelm I. das Dreikaiserbündnis unterzeichnet. 1903,
anläßlich des 60jährigen Regierungsjubiläums von
Franz Joseph, fanden in Schönbrunn die letzten glanz-
vollen Festlichkeiten der Monarchie statt. 1916 starb
hier Franz Joseph, 1918 unterzeichnete hier Kaiser
Karl den Thronverzicht.

1919 wurde Schloß Schönbrunn Staatseigentum. Vor-
übergehend hatte hier in symbolhafter Bedeutung der
Kriegsbeschädigtenfonds seinen Sitz, dann wurde das
Schloß zum Museum, der Park zu einem öffentlichen
Erholungsgebiet. Nur selten gab die Bundesregierung
in Schönbrunn einen Staatsempfang.

Nach der Okkupation Österreichs im Jahre 1938 wurde
Schönbrunn einer »Verwaltung der Schlösser« mit dem
Sitz in Berlin unterstellt. Auf dem Bereich des einstigen
Fasangartens wurde eine SS-Kaserne gebaut, die heute
dem Österreichischen Bundesheer dient.

Bei einem Luftangriff am 19. Februar 1945 wurde der
Mitteltrakt des Schlosses von einem Blindgänger auf-
gerissen. Am 21. Februar fielen 268 Bomben auf das
Areal von Schönbrunn. Die Gloriette, das Palmenhaus
und der Tiergarten wurden schwer beschädigt, viele
Tiere kamen um, der Park war von Bombentrichtern
übersät.

Die britische Besatzungsmacht übernahm Schloß Schönbrunn als ihren Sitz, entsprach aber schließlich dem Ersuchen der österreichischen Bundesregierung und übergab es ihr am 29. Juli 1948. Am 4. September 1948, nach Behebung der ärgsten Schäden, erfolgte die feierliche Wiedereröffnung der Schauräume. Im Jahre 1955, dem Jahr des Österreichischen Staatsvertrages, konnte der Wiederaufbau abgeschlossen werden.

Damit war auch der würdige Rahmen für das historische Treffen der Führer der USA und der Sowjetunion, John F. Kennedy und Nikita Chruschtschow, am 3. und 4. Juni 1961 gegeben.

Schönbrunn, geschaffen als Demonstration imperialer Macht und Größe, dient heute der Bundesregierung für wichtige staatliche Veranstaltungen, ist aber vor allem Anziehungspunkt für Hunderttausende Besucher im Jahr.

Lainzer Tiergarten

Heute ist der Lainzer Tiergarten das letzte große Stück des ursprünglichen Wienerwaldes auf Wiener Boden. Seine Geschichte als Jagdrevier läßt sich jedoch bis in die Zeit der Babenberger zurückverfolgen. In Mauer ließen sich die Babenberger ein Kirchlein und ein Jagdschloß erbauen, das »Schloß im Gereut«. Das Schloß trug diesen Namen, weil der Bauplatz erst gerodet oder »gereutet« werden mußte. 1270 wurde der Auhof erstmals urkundlich erwähnt, 1457 ein »Tier- und Saugarten« bei Laab im Walde, 1495 ein »Wolfsgarten« beim Auhof. Unter Kaiser Ferdinand I. wurde der Auhof 1557 Sitz des kaiserlichen Forstmeisters.

Durch Schenkung, Kauf und Tausch kamen im Lauf der Jahrhunderte Teile des Lainzer Tiergartens in den Besitz von Klöstern; davon stammen verschiedene Flurnamen wie Dorotheer-, Augustiner-, Schotten-, Laurenzer- und Deutschordenswald. Es gibt auch jetzt noch eine Reihe von Grenzsteinen aus dem 16., 17. und 18. Jahrhundert.

Unter Kaiser Franz I. begannen die Bemühungen, diesen Fremdbesitz im kaiserlichen Jagdgebiet wieder zu erwerben. 1830 konnte der Großteil der Flächen eingetauscht werden, die letzten Reste wurden jedoch erst in den Jahren 1900 und 1913 vom kaiserlichen Hof erworben.

DER ARME SCHLUCKER

Zur Zeit Kaiser Karls VI. war der Tiergarten mit einem Zaun aus verflochtenen Eichenpfählen umgeben worden, um Wilderer abzuhalten und eine raschere Vermehrung des Tierbestandes zu erreichen.

Kaiserin Maria Theresia verfügte mit Patent vom 4. April 1772, diese dürftige und löchrige Umzäunung durch eine stabile Mauer zu ersetzen. Zum Bau kam es allerdings erst nach dem Tod der Kaiserin.

Kaiser Joseph II. ließ den Bau der 24,2 Kilometer langen Mauer öffentlich ausschreiben. Es bewarben sich renommierte Baumeister, die alle 12 Gulden für den Klafter verlangten. Vermutlich hat es also schon damals Preisabsprachen gegeben. Einen Bewerber gab es allerdings, der offerierte den Bau um 2 Gulden pro Klafter. Er hatte übrigens sein Offert nicht selbst aufsetzen können, weil er weder lesen noch schreiben konnte. Dieser Mann hieß Philipp Schlucker, er war 1747 in Alland in Niederösterreich als Sohn eines mittellosen

Waldbauern geboren worden und hatte das Maurer-
handwerk gelernt. Der Kaiser, dem das unglaublich
niedrige Angebot auffiel, ließ Schlucker zu sich befeh-
len. Der Maurer kam in seiner schönsten Waldbauern-
tracht, mit Lodenjacke, rotem Brustfleck, Kniehose und
blauen Strümpfen. Auf die Frage des Kaisers, wieso er
so billig sein könne, erwiderte er, daß er nur eine sichere
Arbeit und einen festen Taglohn suche und überdies
noch seinen Freunden durch Ziegelführen einen Ver-
dienst zukommen lassen wolle. Der Kaiser übertrug ihm
die Arbeit, erhöhte aber von sich aus den Baupreis um
30 Kreuzer pro Klafter.

In Wien lachte man über den Allander Maurer, der allein
mit seiner Familie die gewaltige Arbeit bewältigen
wollte – und noch dazu um einen solchen Spottpreis.
Man nannte ihn spöttisch den »armen Schlucker«, eine
Bezeichnung, die heute noch ein geflügeltes Wort ist.
Philipp Schlucker aber überraschte alle. Er baute die
Mauer in der erstaunlich kurzen Zeit von 1782 bis 1787
zur vollsten Zufriedenheit. Der Kaiser verlieh ihm daraufhin das Amt eines Waldbaumeisters und schenkte
ihm ein Grundstück in Alland, wo Schlucker das Berg-
wirtshaus erbaute, das bis nach dem Zweiten Weltkrieg
bestand.

Johann Nestroy bezeichnete die Tiergartenmauer
scherzhaft als »Junges der Chinesischen Mauer«.

FÜR DIE ÖFFENTLICHKEIT

Während Joseph II. anderen kaiserlichen Besitz, vor allem den Prater und den Augarten im 2. Bezirk, der Öffentlichkeit zugänglich machte, blieb der Lainzer Tiergarten dem kaiserlichen Hof als Jagdrevier vorbehalten.
Die Mauer umschloß allerdings nicht den gesamten

Tiergarten, der bis zum heutigen Lainzer Krankenhaus reichte. Am Beginn unseres Jahrhunderts wurde der Wald zwischen Tiergartenmauer und Hörndlwald gerodet. Es bestand die Absicht, dort eine besonders vornehme Villensiedlung anzulegen. Der Ausbruch des Ersten Weltkriegs verhinderte die Ausführung dieses Planes.

Nach dem Zusammenbruch der österreichisch-ungarischen Monarchie und der Abdankung des letzten Habsburger-Kaisers wurde der Lainzer Tiergarten ebenso wie anderer kaiserlicher Besitz, zum Beispiel Schloß Hetzendorf, dem Kriegsgeschädigtenfonds übergeben, der aus dem Erlös dieser Besitzungen notleidenden Kriegsopfern geholfen hat. Die Hilfe kam vor allem Männern zugute, die als Soldaten im Krieg schwer verletzt wurden, die blind waren, einen Arm oder ein Bein verloren oder andere bleibende Schäden erlitten hatten.

Der Kriegsgeschädigtenfonds ließ den Lainzer Tiergarten im Jahre 1919 während der Sommermonate als Erholungsgebiet für alle öffnen, allerdings gegen Bezahlung einer Eintrittsgebühr. Im Herbst und Winter blieb der Tiergarten Jagdgebiet. Die Abschußrechte wurden sehr teuer verkauft. Eintrittsgebühren und Jagdgenehmigungen bildeten eine wichtige Einnahmsquelle zugunsten der Kriegsopfer.

Der gerodete Teil außerhalb der Tiergartenmauer wurde am 19. September 1920 von Kriegsopfern, die obdachlos waren oder unter schlechten Wohnverhältnissen lebten, besetzt. Sie teilten die Gründe auf und legten am 3. September 1921 den Grundstein zum Bau der Siedlung Friedensstadt. Ein Gedenkstein in der Siedlung, zwischen Jenbachgasse und Friedenszeile, erinnert an diese Geschehnisse.

Nach Auflösung des Kriegsgeschädigtenfonds Ende der zwanziger Jahre übernahm die Stadt Wien die provisorische Verwaltung des Lainzer Tiergartens. 1937 erwarb sie ihn von der Bundesregierung mit der gesetzlichen Verpflichtung, seine Eigenart als Naturschutzgebiet zu erhalten.

Der Zweite Weltkrieg und die Nachkriegszeit fügten dem Tiergarten schwere Schäden zu. Die Mauer war an 60 Stellen durchbrochen. Baumfällungen und Wildabschüsse erfolgten ohne Rücksicht auf die Erhaltung des Bestandes, durch die Mauerlücken verließ Wild den Tiergarten und wurde bald erlegt.

Erst in den fünfziger Jahren konnten die Verhältnisse wieder schrittweise in Ordnung gebracht werden.

1974 wurde auf Initiative von Bürgermeister Leopold Gratz und Stadtrat Peter Schieder beschlossen, die Eintrittsgebühr für den Lainzer Tiergarten aufzuheben und den Teilbereich zwischen Lainzer Tor und Hermesvilla während des ganzen Jahres für Besucher zu öffnen.

DIE NATUR

Der Lainzer Tiergarten bildet den östlichen Abschluß des Wienerwaldes auf der rechten Seite des Wientales. Sein tiefster Punkt befindet sich mit 216 Meter Seehöhe beim Nikolaitor, der höchste Punkt mit 514 Meter am Kaltenbründlberg.

Klimatisch liegt der Lainzer Tiergarten im Grenzgebiet zwischen dem pannonischen Bereich mit hohen Sommertemperaturen und relativ geringen Niederschlägen sowie dem ozeanischen Klima mit niedrigeren mittleren Jahrestemperaturen und größeren Niederschlagsmengen. Das langjährige Temperaturmittel beträgt 9 Grad Celsius, wobei sich große Unterschiede zwischen dem östlichen und dem westlichen Teil ergeben. Der durchschnittliche jährliche Niederschlag liegt mit 650 mm über dem Wiener Durchschnitt.

Von der 2450 Hektar umfassenden Gesamtfläche des Lainzer Tiergartens sind 1435 Hektar Waldfläche, 455 Hektar Wiesen, der Rest verbautes Gelände und Gewässer.

Im Baumbestand dominieren die Rotbuche mit 30 Prozent, die Weißbuche mit 22 Prozent, die Zerreiche mit 21 Prozent und die Weißeiche (Trauben- und Stieleiche) mit 18 Prozent. 6 Prozent bilden verschiedene andere Laubhölzer, 3 Prozent schließlich verschiedene Nadelhölzer.

Interessant sind besonders die Reste eines 350 Jahre alten Eichenbestandes am Johanneskogel, wo einzelne Eichen einen Stammumfang von mehr als 3,5 Meter haben. Dieses Naturwaldreservat beherbergt auch Tiere, die in bereits beeinflußten Waldgebieten fehlen, z. B. Hirschkäfer und Dreizehenspechte.

Einen schönen Einblick in die Pflanzenwelt des Lainzer Tiergartens bietet der Waldlehrpfad mit 60 beschrifteten Bäumen und Sträuchern.

TIERE

Die jahrhundertealte Tradition als kaiserliches Jagdgebiet, die mehr als 200 Jahre alte Umzäunung und die sorgfältige Pflege des Wildbestandes haben zur Folge, daß die Tiere des Lainzer Tiergartens internationalen Ruf genießen.

1977 gab es folgenden Wildbestand: 850 Wildschweine (Schwarzwild), 90 Hirsche (Rotwild), 230 Damhirsche, 550 Wildschafe (Muffelwild) und 80 Rehe.

Der letzte Bär, der 230 kg schwer war, wurde 1721 am

Nikolaiberg erlegt, der letzte Wolf 1846 beim Auhof. Das Muffelwild wurde von Prinz Eugen in den Lainzer Tiergarten gebracht, ist damit die älteste Einbürgerung dieser südeuropäischen Tiere in Mitteleuropa und heute einer der wenigen reinen Bestände in der Welt. Junge Mufflons sind sehr gefragt und werden aus dem Lainzer Tiergarten für Tierparks exportiert.

Der hohe Wildbestand erschwert vor allem die Erneuerung der natürlichen Eichen- und Buchenbestände, weil das Schwarzwild die Eicheln zur Gänze aufnimmt. Zur Verjüngung des Baumbestandes müssen deshalb Teile des Tiergartens abgezäunt werden. Außerdem müssen zur Erhaltung eines gewissen Gleichgewichts zwischen Wald und Wild und zur Pflege des Tierbestandes, der nicht mehr von natürlichen Feinden dezimiert wird, Abschüsse erfolgen, vor allem von kranken und alten Tieren. Abschüsse von einzelnen Tieren sind gegen Erlag einer Abschußgebühr möglich. Auskunft darüber erteilt die Forstverwaltung Lainz.

Der Wildbestand hat unter beiden Weltkriegen sehr gelitten. Waren es gegen Ende des Ersten Weltkrieges und unmittelbar nachher vor allem die hungernden Bewohner Wiens, die Wild erlegten, so taten dies gegen Ende des Zweiten Weltkrieges die nationalsozialistischen Machthaber (unter ihnen Reichsmarschall und Reichsjägermeister Hermann Göring) sowie nachher wieder hungernde Wiener und Angehörige der sowjetischen Besatzungsmacht.

Es war schwierig, den Wildbestand wiederaufzubauen, wobei sich auch wesentliche Veränderungen der Zusammensetzung ergaben. Das zeigt eine kleine Statistik:

	1914	1929	1977
Rotwild	380	70	90
Damwild	200	100	230
Schwarzwild	100	70	850
Muffelwild	80	60	550
Rehwild	20	30	80

Diese Statistik zeigt deutlich, wie schwierig es war, den dezimierten Stand an Hirschen (Rotwild) zu erhalten und langsam wieder aufzubauen. Bei den Wildschafen und den Wildschweinen wurden große Erfolge erzielt, auch bei Damhirschen und Rehen gab es beachtliche Vermehrungen.

DIE HERMESVILLA

Kaiser Franz Joseph I. und seine Gattin Elisabeth jagten oft im Lainzer Tiergarten. Besonders die Kaiserin klagte jedoch, daß es für längere Aufenthalte im Tiergarten kein geeignetes Gebäude gab. Der Kaiser ordnete deshalb am 1. Juli 1882 den Bau eines Jagdhauses an. 1884 war der Bau fertig, 1886 auch die Inneneinrichtung. Eine von Ernst Herter geschaffene Hermesstatue aus weißem Marmor, die in der Mittelachse des Gartenparterres aufgestellt wurde, gab der Villa den Namen.

Im Mai 1887 wohnte das Kaiserpaar zum ersten Mal in der Hermesvilla. Franz Joseph schenkte sie Elisabeth, die sich nun sehr oft in die Abgeschiedenheit des Tiergartens zurückzog. In den Stallungen standen ihre Lieblingspferde, mit denen sie sowohl durch das Gelände wie auch in der 18 000 Quadratmeter großen offenen oder in der gedeckten Reitschule ritt.

Besucher gab es in der Hermesvilla nie, sie wurde nur vom engsten kaiserlichen Familienkreis benützt.

Nach der Ermordung der Kaiserin erbte Erzherzogin Marie Valerie die Villa, die sie 1911 an das Hofärar verkaufte. In den folgenden Jahren wurde die Villa nicht benützt. 1919 wurde sie mit dem gesamten Lainzer Tiergarten dem Kriegsgeschädigtenfonds übergeben, der sie instandsetzen ließ und zur Besichtigung öffnete. Im letzten Jahr des Zweiten Weltkrieges diente die Hermesvilla als Lazarett. In der Folge litt sie schwer durch Plünderungen und Zerstörungsakte, sie verfiel allmählich.

1955 begann das städtische Forstamt mit Restaurierungsarbeiten, für die jedoch nur sehr bescheidene Mittel zur Verfügung standen. Es konnte vorerst nur der weitere Verfall verhindert werden. Am 4. November 1969 konstituierte sich unter dem Vorsitz des Wiener Bürgermeisters Bruno Marek ein »Verein der Freunde der Hermes-Villa«, der sich die völlige Instandsetzung vornahm. Mit kräftiger Finanzhilfe der Stadt Wien und privaten Spenden konnte 1970 mit den umfangreichen Arbeiten begonnen werden. Bereits am 15. Juni 1971 wurde die im Nordflügel untergebrachte Jausenstation eröffnet, am 9. Oktober 1971 wurde mit der »Österreichischen Jagdausstellung« das gesamte Parterre der Öffentlichkeit wieder zugänglich gemacht. Mit dem weiteren Fortschritt der Restaurierungsarbeiten konnten immer mehr Räume geöffnet werden. Nach einigen Jagdausstellungen folgten zwei repräsentative Großausstelungen – 1975 »Makart und seine Zeit«, 1976 »200 Jahre Mode in Wien«.

Die Hermesvilla entstand nach Plänen des Architekten Karl Hasenauer, der unter anderem auch das Burgtheater, gemeinsam mit Gottfried Semper das Kunsthistorische und das Naturhistorische Museum, das Tegetthoff-Denkmal auf dem Praterstern, das Grillparzer-

Denkmal im Volksgarten und das Spital der Barmherzigen Brüder im 2. Bezirk gebaut hat.

Hasenauer hat sich bemüht, den Bau in die Natur einzufügen und ihn asymmetrisch gestaltet. Es dominieren Formen der französischen Renaissance, daneben gibt es auch solche der italienischen Renaissance. Kunstvolle Eisenportale verbinden das zweigeschossige Hauptgebäude mit den Wirtschaftsgebäuden, in denen jetzt auch Wohnungen für Forstarbeiter eingerichtet sind.

Das konstruktive Gerippe des Gebäudes besteht aus Haustein, dazwischen sind Wandflächen aus glasierten Ziegeln, die auf lichtgelbem Grund ein rotes Muster zeigen. An den Fassaden und Giebeln befinden sich Arbeiten des Bildhauers Rudolf Weyr, vorgelagerte schmiedeeiserne Terrassen von Albert Milde zieren die Haupt- und Seitenfronten. Die Terrasse, die der Hauptfront halbkreisförmig vorgelagert ist, wird gegenüber dem Gartenparterre von einer Steinbalustrade umschlossen. Davor liegt in Richtung zum Stadtzentrum die weitläufige Penzinger Wiese. Bildhauerarbeiten von Viktor Tilgner, wie der Putto mit Krokodil und der Genoveva-Brunnen, schmücken die Terrasse und den rechteckigen Innenhof.

Das Innere ist im Stil der Makart-Zeit verschwenderisch ausgestattet. Vertäfelungen und Verzierungen aus slawonischem Eichenholz, intarsierte Parkettböden, zahlreiche Statuen, Wand- und Deckengemälde, prachtvolle Kamine und Möbel geben Zeugnis von hoher Handwerkskunst. Die bedeutendsten Wiener Künstler jener Zeit haben an der Ausgestaltung der Hermesvilla mitgewirkt – August Eisenmenger, Hans Makart, die Brüder Gustav und Ernst Klimt, Franz Matsch, Viktor Tilgner, Rudolf Geyling und viele andere.

ERHOLUNGSZENTRUM

Der Lainzer Tiergarten gehört zu den am besten erschlossenen Erholungslandschaften. 80 Kilometer Wanderwege, davon 35 Kilometer befestigt, drei Rasthäuser (Hermesvilla, Hirschgstemm und Rohrhaus), eine Aussichtswarte (die 18 Meter hohe Hubertuswarte am Kaltenbründlberg), zahlreiche Unterstandshütten und 400 Bänke stehen zur Verfügung. Es gibt zwei Teiche (Grünauer Teich, Hohenauer Teich), 10 Hektar ausgestaltete Lagerwiesen, 280 Hektar Naturwiesen, Gehege mit Auerochsen, Wildpferden und Damwild, einen Waldlehrpfad und zahlreiche Wegweiser. Seit 1974 sind die Lipizzaner der Spanischen Reitschule im Juli und August im Lainzer Tiergarten in einer eigenen Stallung auf Sommerurlaub.

Jährlich besuchen etwa 300 000 Menschen den Lainzer Tiergarten. Er ist von Palmsonntag bis Anfang November geöffnet, der Teil zwischen Lainzer Tor und Hermesvilla ganzjährig. Einlaß ist von Mittwoch bis Sonntag und an Feiertagen von 8 bis 18 Uhr, bei Einbruch der Dunkelheit werden die Tore geschlossen.

Es gibt sieben Tore: Lainzer Tor (Straßenbahnlinie 60 und 62 bis Speising, dann Autobuslinie 60 B; Parkplatz), St. Veiter Tor (nur an Sonn- und Feiertagen geöffnet; Autobuslinie 53 ab Endstation der Straßenbahnlinie 58; Parkplatz), Adolfstor (nur an Sonn- und Feiertagen geöffnet; Autobuslinie 53), Nikolaitor (10 Minuten von der Endstation der Straßenbahnlinie 49 und von der Stadtbahnstation Hütteldorf; Parkplatz), Pulverstampftor (mit ÖBB-Bus ab Stadtbahnstation Hütteldorf; Parkplatz, erreichbar über Westautobahneinfahrt), Neues Dianator (15 Minuten von Laab im Wald, ÖBB-Bus von Endstation der Straßenbahnlinie 60 oder Schnellbahnstation Liesing), Gütenbachtor (45 Minuten von Kalksburg, Autobuslinie 164 A; Parkplatz).

Die meisten Einrichtungen — darunter die Wildgehege und der Waldlehrpfad — befinden sich im Bereich zwischen Lainzer Tor und Hermesvilla.

Die Einfahrt mit Kraftfahrzeugen ist für Besucher verboten, nur Forstarbeiter und im Tiergarten Wohnende dürfen vom Lainzer Tor bis zur Hermesvilla fahren. Verboten sind ferner das Radfahren (Kinder-Dreiradler dürfen mitgenommen werden), das Mitnehmen von Radioapparaten, Tonbandgeräten und Fußbällen sowie von Hunden. Das Füttern des Wildes ist gefährlich und deshalb untersagt. Es sollen keine Feuer entzündet und keine brennenden Zigaretten weggeworfen werden, da sonst die Gefahr eines Waldbrandes besteht. Ausdrücklich wird darauf hingewiesen, daß bei einem Sturm der Aufenthalt unter den Bäumen gefährlich ist. Es sollen nur die markierten Wege benützt werden.

All diese Gebote und Verbote dienen dem Ziel, den Erholungswert des Lainzer Tiergartens für die Großstädter zu erhalten.

Blick in die Zukunft

»Hietzing ist ein Wohnbezirk im Grünen. Diesen Charakter unseres Bezirkes wollen wir auch in Zukunft erhalten.« Mit diesen Worten kennzeichnet der junge und dynamische Bezirksvorsteher Eugen Gutmannsbauer sein Arbeitsprogramm.

Eugen Gutmannsbauer wurde am 31. Mai 1934 geboren. Im Betrieb seines Vaters erlernte er das Maler- und Anstreichergewerbe, mit 17 Jahren legte er die Gesellenprüfung ab, mit 21 Jahren war er der jüngste Meister seines Faches. Gemeinsam mit seinem Vater baute er einen eigenen Betrieb auf, der im Durchschnitt etwa hundert Mitarbeiter beschäftigt. Eugen Gutmannsbauer, der in der Bossigasse wohnt, trat 1969 der SPÖ bei, wurde 1973 zum Bezirksrat und 1976 zum Bezirksvorsteher gewählt.

Nach Gutmannsbauers Vorstellungen soll die am Hietzinger Kai entstehende Skyline weiter entwickelt werden. Sie schirmt den Bezirk vom starken Verkehr im Wiental ab und bildet einen architektonischen Schwerpunkt. Allerdings sind diese hohen Häuser am Verkehrsband kaum als Wohnhäuser geeignet, deshalb ist vor allem an den Bau von Bürohäusern gedacht. Derzeit gibt es in Hietzing etwa 4000 – vor allem kleine und mittlere – Betriebe. Zum derzeit größten Betrieb des Bezirks, Ford-Hinteregger, kommen als weitere große Betriebe die Allianz-Versicherung, die Elektrogerätefirma Bauknecht und eine Anlage des Chemiekonzerns BASF auf den Rohrbachergründen.

Als vordringliche Aufgabe bezeichnet Gutmannsbauer die Intensivierung der Erholungsflächen: Die Landschaft soll erhalten bleiben, aber durch Wege, Spielplätze, Pensionistenplätze, Bänke usw. besser nutzbar werden. Ein Musterbeispiel ist der Ausbau des Spielparkes Roter Berg. Im 24 000 Quadratmeter großen Gebiet des alten Steinbruchs bei der Veitingergasse soll für alle Altersgruppen ein Erholungsgebiet entstehen, das auch einen kleinen Festplatz und einen Bocciaplatz umfaßt. Entlang der Tiergartenmauer soll ein 30 km langer Radweg angelegt werden, der eventuell im Winter als Skilanglaufpiste dienen kann. Im Lainzer Tiergarten ist ein Freilichtmuseum geplant, dessen Exponate in die Landschaft eingegliedert werden sollen. Ein interessantes Experiment wird die beabsichtigte

Schaffung eines eingezäunten Hundeauslaufplatzes sein.

Von besonderer Bedeutung ist für Hietzing, wie Gutmannsbauer betont, die Stadtbildpflege. Alt-Hietzing wurde bereits zur Schutzzone, in der nichts ohne Genehmigung verändert werden darf, erklärt, eine Schutzzone Ober St. Veit wurde empfohlen, für den Hackinger »Sauzipf« am Ende der Auhofstraße wurde der Schutz beantragt.

Am Platz soll der alte Charakter wiederhergestellt werden – mit dem Dorfbrunnen und dem Katzenkopfpflaster. Die leider teilweise nicht sehr sorgsam veränderte Altgasse soll zur Fußgängerzone mit Durchgängen zur Hietzinger Hauptstraße werden. Dazu müssen allerdings erst die Parkplatzprobleme in diesem Bereich gelöst werden. In anderen Teilen des Bezirkes – Ober St. Veit, Hacking, Speising – geht es vor allem darum, die noch vorhandenen dörflichen Elemente zu erhalten.

Als wichtige Freizeiteinrichtung entsteht in der Atzgersdorfer Straße ein Bezirkshallenbad, das 1978 fertig wird. Diesem Hallenbad wird ein Freibad angegliedert werden. Mit dem Bau wurde im Mai 1977 begonnen.

Wichtig waren für Hietzing immer die sozialen Einrichtungen. Zum bestehenden Pensionistenheim »Föhrenhof« kommen noch zwei weitere. Das Heim am Rosenhügel wird zwei windgeschützte Innenhöfe aufweisen, das geplante Heim auf den Rohrbachergründen wird in die Erholungslandschaft Roter Berg integriert, ein öffentlicher Fußweg wird durch den Heimbereich führen, der Tümpel wird natürlich gestaltet.

Derzeit gibt es fünf Pensionistenklubs im Bezirk, zwei weitere sind geplant. Eine Aktion »Ruheplatz im Grünen« – für die der Bezirksvorsteher aufrief, Vorschläge für die Schaffung solcher Ruheplätze zu machen –

brachte die Nennung von mehr als 40 geeigneten Stellen.

Ein besonderes Anliegen Gutmannsbauers ist die kulturelle Aktivierung der Bevölkerung. Die Volkshochschule Hietzing hat sich dabei schon sehr bewährt. 1976 wurde der Kulturverein Hietzing gegründet, der im Herbst den ersten Kulturtag mit einem vielfältigen Programm organisiert hat.

Als gut bezeichnet Gutmannsbauer die Sicherheitsverhältnisse in Hietzing. Die Aufklärungsquote von Verbrechern liegt über dem Wiener Durchschnitt, bei den Schwerverbrechen liegt Hietzing unter den Wiener Bezirken an letzter Stelle.

Auch beim Bemühen um mehr Verkehrssicherheit wurden Fortschritte erzielt. Trotz steigender Verkehrsdichte ist die Zahl der Unfälle in den letzten fünf Jahren ungefähr gleich geblieben. Der besonders unfallträchtige Bereich Stampferbrücke konnte aufgrund von Initiativen des Bezirksvorstehers 1977 weitgehend entschärft werden. Wie sehr sich die Verkehrsverhältnisse geändert haben, zeigt Gutmannsbauer an einem Beispiel: 1939 gab es eine einzige Verkehrsampel im Bezirk, am Hietzinger Kai. Eines der Ziele zur weiteren Verbesserung des Verkehrs ist die Ausarbeitung eines Einbahnsystems über die Wienfluß-Brücken gemeinsam mit dem 14. Bezirk.

»Hietzing bietet den Bewohnern schon jetzt eine relativ hohe Lebensqualität«, stellt Gutmannsbauer fest. »Wir wollen alle Möglichkeiten nützen, um die Situation noch weiter zu verbessern.«

Die Hietzinger Bezirksvertretung

Die seit 1945 durchgeführten Wahlen in die Hietzinger Bezirksvertretung brachten folgende Ergebnisse:

	SPÖ	ÖVP	FPÖ	KPÖ	Sonstige
1945	9 665	10 837	–	1898	–
1949	13 114	15 106	3409	2023	237
1954	14 322	14 734	2029	1583	304
1959	14 979	14 512	3144	1033	–
1964	14 973	16 674	2233	1011	394
1969	14 842	13 969	3047	584	1409
1973	16 109	15 278	3139	488	89

Mandatsverteilung:

	SPÖ	ÖVP	FPÖ	KPÖ	Sonstige
1945	13	15	–	2	–
1949	12	14	3	1	–
1954	14	14	1	1	–
1959	14	13	3	–	–
1964	13	15	2	–	–
1969	14	13	2	–	1
1973	14	14	2	–	–

SPÖ = Sozialistische Partei Österreichs
ÖVP = Österreichische Volkspartei
FPÖ = 1945 noch nicht kandidiert, 1949 und 1954 Wahlpartei der Unabhängigen, seither Freiheitliche Partei Österreichs
KPÖ = Kommunistische Partei Österreichs, 1040 Linksblock, 1054 Volksopposition, 1959 und 1964 Kommunisten und Linkssozialisten
Sonstige = 1949 Demokratische Union (184 Stimmen) und Vierte Partei (53 Stimmen), 1954 Freiheitliche Sammlung Österreichs, 1964 Europäische Föderalistische Partei, 1969 und 1973 Demokratische Fortschrittliche Partei

Die Bezirksvorsteher (BV) und Bezirksvorsteher-Stellvertreter (Stv.) seit 1945:

Im April 1945 von der sowjetischen Besatzungsmacht ernannt: BV Hans Mayer (KPÖ), Stv. Dkfm. Richard Nathschläger (ÖVP).

Im Juli 1945 aufgrund einer Drei-Parteien-Vereinbarung von Bürgermeister Theodor Körner mit Wirkungsbereich für den 13. und den 14. Bezirk (Bezirksgrenzen von 1937) berufen: BV Anton Figl (SPÖ), 1. Stv. Josef Cudlin (ÖVP), 2. Stv. Rudolf Liebreich (KPÖ).

Von der Bezirksvertretung für den 13. Bezirk in den jetzigen Bezirksgrenzen gewählt:

April 1946: BV Josef Cudlin (ÖVP), Stv. Franz Babor (SPÖ).

4. Mai 1950: BV Otmar Hassenberger (ÖVP), Stv. Franz Babor (SPÖ).

11. August 1953: BV Ernst Florian (ÖVP), Stv. Franz Babor (SPÖ).

20. Dezember 1954: BV Ernst Florian (ÖVP), Stv. Josef Fischer (SPÖ).

11. Dezember 1959: BV Josef Fischer (SPÖ), Stv. Ernst Florian (ÖVP).

26. November 1964: BV Dipl.-Ing. Josef Gerstbach (ÖVP), Stv. Eduard Popp (SPÖ).

20. Mai 1969: BV Eduard Popp (SPÖ), Stv. Dipl.-Ing. Josef Gerstbach (ÖVP).

13. Mai 1976: BV Eugen Gutmannsbauer (SPÖ), Stv. Dipl.-Ing. Josef Gerstbach (ÖVP).

22. Juni 1976: BV Eugen Gutmannsbauer (SPÖ), Stv. Mag. Peter Hauser (ÖVP).

Das Hietzinger Wappen

Das Bezirkswappen von Hietzing ist eine graphische Kombination der fünf Ortswappen, von denen allerdings nur zwei, die Wappen von Hietzing und von Speising, historisch verbürgt sind.

In der Mitte des Bezirkswappens befindet sich das alte Hietzinger Ortswappen. Es stellt die Legende von der Entstehung des Ortsnamens dar (siehe »Sagen aus Hietzing«). Auf hellgrauem Grund ist ein Baum zu sehen, in der hellgrünen Krone ein goldener Strahlenkranz, darin die Mutter Gottes mit dem Kind. Links und rechts am Baum sind je ein Engel, auf der Wiese unter dem Baum vier buntgekleidete Männer, drei stehend, einer kniend.

Im Uhrzeigersinn sind um dieses zentrale Wappen gruppiert:

Das Wappen von Hacking, auf rot-weiß-rotem Grund drei Hacken in den Kontrastfarben Weiß-Rot-Weiß.

Das Wappen von St. Veit: Vor hellblauem Hintergrund ein Mann mit Heiligenschein, bloßem Oberkörper, weißer Unterleibsbinde und Palmwedel in einem dunkelgelben Kessel, unter dem ein Feuer brennt. Vermutlich eine Darstellung des Heiligen Vitus.

Das Wappen von Lainz: Auf grüner Wiese und vor rotem Hintergrund ein weißer Hirsch mit goldenem Geweih und einem goldenen Kreuz zwischen den Geweihschaufeln.

Das historisch verbürgte Wappen von Speising: Vor blauem Himmel ein Pelikan in einem frei schwebenden Nest, der zwei junge Pelikane mit seinem Blut nährt (speist).

Berühmte Persönlichkeiten

FRIEDRICH JULIUS BIEBER

Im Hause Auhofstraße 144 verbrachte der Afrikaforscher Friedrich Julius Bieber die letzten 23 Jahre seines Lebens.

Bieber wurde 1873 als Sohn eines Bankbeamten in Wien geboren. Nach dem Tod seines Vaters wurde er Schusterlehrling, bildete sich jedoch daneben autodidaktisch weiter. Sein besonderes Interesse galt den unbekannten alten Kulturen Afrikas. Als Vorbereitung für die großen Expeditionen, die er plante, unternahm er eine Fußwanderung in die Türkei. 1904 und 1905 gehörte er den ersten österreichischen Handelsmissionen an, die von Österreich an den Hof Kaiser Meneliks II. von Äthiopien gesandt wurden. Bei der zweiten Reise erhielt Bieber von Menelik die Erlaubnis, das Gebiet von Kaffa zu erforschen.

Kaffa ist eine gebirgige Landschaft im Südwesten von Äthiopien, die als Heimat des Kaffeebaumes gilt. Hier war das Zentrum eines alten afrikanischen Kaiserreiches, das 1892 von Äthiopien erobert wurde. Bieber schuf die erste Karte dieses Gebietes und ein Wörterbuch der Sprache der Kaffitschos. Er wies nach, daß die Kaffitschos Nachfahren einer altägyptischen Kriegerkaste sind, die vermutlich im 13. vorchristlichen Jahrhundert in Kaffa eingewandert war.

Zu den vielen Publikationen Biebers gehört sein zweibändiges Werk »Kaffa, ein altkuschitisches Volkstum in Innerafrika«, das zu der Standardliteratur über Afrika zählt.

Flüsse und Seen in Kaffa tragen den Namen Biebers. Eine Parkanlage beim Lainzer Pflegeheim trägt seinen

Namen, an seinem Wohnhaus in der Auhofstraße wurde eine Gedenktafel angebracht. Der Sohn und der Enkel von Friedrich Julius Bieber haben seine Forschungsarbeit in Afrika fortgesetzt.

Friedrich Julius Bieber starb am 3. März 1924, seine umfangreiche Kaffa-Sammlung befindet sich im Museum für Völkerkunde.

CARL CARL

Alte Hietzinger erinnern sich noch daran, daß das Haus Gloriettegasse 29 im Volksmund »Lumpazivilla« genannt wurde, weil es der Theaterdirektor Carl Carl angeblich mit dem Geld erbauen ließ, das er mit Nestroys »Lumpazivagabundus« verdiente.

Carl Carl, geboren am 7. November 1787 in Krakau, hieß eigentlich Carl Ferdinand Bernbrunn. Er absolvierte die Ingenieurakademie, trat 1805 in die Armee ein, geriet 1809 in Kriegsgefangenschaft und quittierte nach seiner Entlassung 1810 den Dienst. Er wurde Schauspieler und dann Direktor am Isartheater in München. 1826 kam er nach Wien, 1827 pachtete er das Theater an der Wien, mit dem er bald darauf das Theater in der Josefstadt und 1838 auch das Theater in der Leopoldstadt verband.

1845 beschränkte er sich auf das Theater in der Leopoldstadt, ließ das Gebäude abreißen und durch einen 1847 eröffneten Neubau von Eduard von der Nüll und August Sicard von Sicardsburg, die auch die Staatsoper gebaut haben, ersetzen. Das neue Haus, dem er den Namen »Carltheater« gab, wurde am 10. Dezember 1847 mit Nestroys Posse »Die schlimmen Buben in der Schule« eröffnet.

Zum Ensemble von Carl Carl gehörten Ferdinand Raimund, Johann Nestroy und Wenzel Scholz. Er trat auch selbst als Schauspieler auf, vor allem in der volkstümlichen Figur des »Staberl«. Carl Carl hatte ein ungemein starkes »Gespür« für die Wünsche seines Publikums. So wurde er zu einem der erfolgreichsten Theaterdirektoren aller Zeiten. Als er am 16. Juli 1861 in Bad Ischl starb, hinterließ er ein Vermögen von 700 000 Gulden.

FANNY ELSSLER

Fanny Elßler, die berühmteste Tänzerin des Biedermeier, verbrachte die letzten drei Jahrzehnte ihres Lebens in Hietzing und ist auch auf dem Hietzinger Friedhof begraben, eine Gasse in Hietzing trägt ihren Namen. Sie wurde am 23. Juni 1810 in Gumpendorf geboren. Ihr Vater Florian Elßler war Notenkopist und Diener von Joseph Haydn. Schon mit fünf Jahren trat Fanny mit ihren Schwestern Theresa und Anna in einem Kinderballett im Theater an der Wien auf. 1821 wurde sie ins Ballettcorps des Kärntnertortheaters, des Vorläufers der Staatsoper, aufgenommen. Erst nachdem sie bei Gastspielen in Berlin, Paris und London sensationelle Erfolge erzielt hatte, wurde sie auch in Wien populär. Neben ihren ständigen Auftritten in Wien unternahm sie ausgedehnte Gastspielreisen durch ganz Europa und Nordamerika. Sie wurde gefeiert wie kaum eine andere Künstlerin ihrer Zeit. Am Haus Seilerstätte 19, wo sie am 27. November 1884 starb, wurde eine Gedenktafel angebracht, auf der die Worte stehen: »Sie ist das Lächeln ihres Jahrhunderts gewesen, eines der seltenen Meisterwerke, das der Schöpfer viele Menschenalter in seinen Händen wiegt, ehe er sie zum Leben entläßt.«

EMIL HOLUB

Auch der Afrikaforscher Dr. Emil Holub, der um die Jahrhundertwende wegen seiner zahlreichen Vorträge und wegen der dramatischen Vorfälle bei seiner letzten Expedition in Wien ungemein populär war, verbrachte seine letzten Lebensjahre in Hietzing.

Emil Holub wurde am 7. Oktober 1847 als Sohn eines tschechischen Landarztes in Holitz bei Pardubitz in Böhmen geboren. Während seines Medizinstudiums in Prag befaßte er sich so intensiv mit naturwissenschaftlichen und ethnographischen Studien, daß er noch als Student zum Mitglied der archäologischen Sektion des böhmischen Landesmuseums ernannt wurde.

Nach seiner Promotion zum Doktor der Medizin im Februar 1827 entschloß er sich trotz seiner Mittellosigkeit zu einer Reise nach Südafrika. Seine Reisekasse, die er privaten Spendern verdankte, soll nur 200 Gulden enthalten haben. Er brachte eine Sammlung von mehr als 30 000 naturwissenschaftlichen und ethnographischen Objekten nach Hause.

Wesentlich besser ausgerüstet konnte er 1883 seine zweite Reise nach Südafrika antreten. Mit ihm fuhren seine achtzehnjährige Gattin und sechs ausgediente Unteroffiziere. Nachdem er in Kapstadt eine Ausstellung österreichischer Industrieerzeugnisse veranstaltet hatte, brach die Expedition nach Norden auf. Holub plante, ganz Afrika von Süden nach Norden zu durchqueren. Anfang August 1886 wurde die Expedition bald nach der Überschreitung des Sambesi vom kriegerischen Stamm der Maschukulumben überfallen und ausgeraubt, einer der Begleiter kam dabei ums Leben. Holub und seine Begleiter wurden für tot gehalten. Um so triumphaler war der Empfang, als die Gruppe im September 1887 mit einer viele Kisten umfassenden Sammlung in Wien eintraf. 1890 erschien Holubs Reisebericht »Von Capstadt ins Land der Maschukulumben«. Weitere Publikationen und vor allem Vortragsreisen, die ihn bis in die USA brachten, sicherten Holubs Lebensunterhalt. Da die Folgen einer Malariainfektion immer stärker spürbar wurden, mußte er eine geplante dritte Afrikaexpedition absagen. Er lebte schließlich zurückgezogen und mit wachsenden finanziellen Problemen in Hietzing. Erst knapp vor seinem Tod erinnerte sich der kaiserliche Hof seiner Leistungen und setzte ihm eine Ehrenpension aus, die er nur mehr zwei Monate lang bezog. Emil Holub starb am 21. Februar 1902 in der Rotunde an den Folgen der Malaria.

KARL HÜGEL

Karl Alexander Anselm Freiherr von Hügel ist es in erster Linie zu verdanken, daß Hietzing zum Ausgangspunkt österreichischer Gartenbaukunst wurde.
Hügel wurde am 25. April 1796 in Regensburg geboren, studierte in Heidelberg Jus, trat 1811 in die österreichische Armee ein, nahm an den Napoleonischen Kriegen teil und beendete 1824 als Major den Militärdienst. Er unternahm eine mehrjährige Forschungsreise durch Vorderindien, ins Himalajagebiet, nach Kaschmir und nach Australien. Von überall schickte er Pflanzen und Samen mit genauen Anweisungen für die Aussaat und Pflege nach Wien, wo sich seine Gärtner bemühten, die exotischen Gewächse auf dem Grundstück, das Hügel als kaiserlicher Offizier erworben hatte, heimisch zu machen. Dieses Grundstück befand sich an der Hietzinger Hauptstraße, zwischen Braunschweiggasse und Steckhovengasse.

Für Wien wurde der Hügelsche Garten zu einer Attraktion. Um die Mitte des vorigen Jahrhunderts kamen die Wiener vor allem im Frühling in Scharen nach Hietzing, um die Pracht der bis dahin unbekannten Pflanzen, z. B. Rhododendren und Orchideen, zu bewundern. Hügel verschickte Samen und Setzlinge für Gärten in ganz Europa. Die Pflanzensammlung, die er mitgebracht hatte, bildete zu einem beträchtlichen Teil den Grundstock für die botanische Sammlung des späteren Naturhistorischen Museums. Hügel war auch Mitbegründer der Österreichischen Gartenbau-Gesellschaft, er gab das »Botanische Archiv« heraus und schrieb das vierbändige Werk »Kaschmir und das Reich der Siek« sowie zahlreiche Aufsätze über Pflanzenzucht.

Im Vormärz war das Palais Hügel ein Treffpunkt des Adels und der Naturforscher. 1849 wurde Hügel österreichischer Gesandter in Toskana, 1859 Gesandter in Brüssel, wo er am 2. Juni 1870 starb.

Im 13. Bezirk erinnern an ihn die Hügelgasse und der Hügelpark, in dem auch sein Denkmal steht, das 1901 von Johannes Benk geschaffen und nach einer schweren Beschädigung im Zweiten Weltkrieg 1947/48 restauriert wurde.

GUSTAV KLIMT

Der bedeutendste Maler des Wiener Jugendstils, Gustav Klimt, hat während seiner letzten Lebensjahre in Unter St. Veit, Feldmühlgasse 3, gewohnt und ist auf dem Hietzinger Friedhof begraben.

Gustav Klimt wurde am 14. Juli 1862 in Baumgarten geboren. Nach dem Besuch der Kunstgewerbeschule, der Vorläuferin der Hochschule für angewandte Kunst, bildete er mit seinem jüngeren Bruder Ernst und mit Franz

Matsch seine Ateliergemeinschaft, die unter anderem Wand- und Deckengemälde für das Burgtheater, das Kunsthistorische Museum und die Hermesvilla schuf. Als in Opposition zur Künstlervereinigung »Künstlerhaus« die Secession gegründet wurde, war Klimt deren erster Präsident. Für das Secessionsgebäude entwarf er die Metalltüren.

Klimt erhielt den Auftrag, für die Wiener Universität die drei weltlichen Fakultäten in Deckengemälden darzustellen. Seine symbolhaften Gemälde »Philosophie«, »Medizin« und »Jurisprudenz« stießen jedoch auf heftige Ablehnung des Professorenkollegiums, dem sie zu wenig naturalistisch waren. Klimt zog die Bilder daraufhin zurück. Unter seinen späteren Werken ist vor allem »Der Kuß« bekannt geworden.

Klimt übte großen Einfluß auf die Malerei, die Architektur und das Kunstgewerbe seiner Zeit aus. Er starb am 6. Februar 1918, noch nicht 56 Jahre alt.

MAX MELL

In Hacking, Auhofstraße 244, lebte ein Dichter, dessen Werke von einer innigen Religiosität und tiefen Menschlichkeit getragen sind.

Max Mell wurde am 10. November 1882 in Marburg an der Drau geboren, zog 1919 nach Hacking und starb hier am 12. Dezember 1971.

Er veröffentlichte zuerst Gedichte, dann Erzählungen, Legenden und Märchen, bis er mit seinen volkstümlichen Bühnenstücken, vor allem »Das Wiener Kripperl von 1919«, geschrieben 1921, »Das Apostelspiel« (1922), »Das Schutzengelspiel« (1923) und »Das Nachfolge-Christi-Spiel« (1927) große Popularität erlangte. Er schrieb auch die Dramen »Die Sieben gegen Theben« (1932) und »Der Nibelunge Not« (1942), die auch am Burgtheater aufgeführt wurden.

HANS MOSER

In seiner Villa in der Auhofstraße verbrachte Hans Moser, wohl der populärste aller Wiener Filmstars, die letzten Jahre seines Lebens.

Er hieß eigentlich Jean Juliet. Am 6. August 1880 wurde er als Sohn des akademischen Malers Franz Juliet in Wien geboren. Für den Wunsch seines Vaters, dessen Atelier einmal weiterzuführen, zeigte er wenig Neigung. So besuchte er eine Handelsschule und arbeitete als Büroangestellter bei einem Lederhändler. In seiner Freizeit besuchte er eine Theaterschule und nahm dann Unterricht bei einem entfernten Verwandten, dem Chargenschauspieler des Burgtheaters Josef Moser, von dem er dann seinen Künstlernamen ableitete.

Etliche Jahre zog Hans Moser mit Wandertruppen durch die Länder der österreichisch-ungarischen Monarchie und lernte dabei bittere Not kennen. Ein kurzfristiges Engagement an einer der kleinen deutschsprachigen Bühnen in Böhmen und Mähren war bereits ein künstlerischer und finanzieller Höhepunkt. Moser spielte damals vor allem ernste Rollen, in erster Linie jugendliche Liebhaber. Alle Mühen und finanziellen Sorgen nahm er so wie viele andere in der Hoffnung, »entdeckt« zu werden, auf sich.

Bei einem Gastspiel in Laibach wurde Moser tatsächlich entdeckt, von keinem geringeren als Josef Jarno, damals Direktor des Theaters in der Josefstadt. Jarno erkannte als erster das komische Talent Mosers und vermittelte ihm ein Engagement im Kabarett »Max und Moritz« in Wien. Moser spielte dort und in Varietévor-

Rudolph Slatin Pascha in britischer Generaluniform – und das Schwert, mit dem er aus sudanesischer Gefangenschaft floh.

Unten: Die Meierei Johann Glasauer in Ober St. Veit um die Jahrhundertwende, mit Wiens modernstem Kuhstall.

Rechts: Das Zentrum von Ober St. Veit kurz vor dem Ersten Weltkrieg, mit der Endstation der Straßenbahnlinie 158.

Oben: Zwei Prachtexemplare aus der Meierei Glasauer in den dreißiger Jahren, in der Mitte der stolze Besitzer.

Rechts: Alfred Dolls Weinhaus »Stock im Weg« in Ober St. Veit um 1930, eine beliebte Ausflugsgaststätte.

Blick auf die Ober St. Veiter Pfarrkirche und das Erzbischöfliche Schloß vor Beginn der Verbauung, vermutlich um 1800 gezeichnet.

Eines der beliebtesten Ausflugslokale in der Umgebung Wiens war von 1830 bis zum Ersten Weltkrieg die Einsiedelei in Ober St. Veit. Die Darstellung stammt aus der Biedermeierzeit.

Das Sachsenkreuz am Mariensteig erinnert daran, daß hier im Jahre 1809 während der Napoleonischen Kriege gefallene sächsische Soldaten bestattet wurden.

Das eindrucksvolle Bauwerk des neuen Jugendwohnheimes in der Amalien-straße ist ein Ausdruck moderner Baugesinnung. Es gehört zu den architek-tonischen Markierungspunkten in der Silhouette unseres Bezirkes.

Der Hackinger Steg dient der Sicherheit der Fußgänger. Das Bild wurde unmittelbar nach Fertigstellung des Brückenbauwerks im Jahre 1967 aufgenommen.

Zahlreiche Bauten im 13. Bezirk wurden im Jugendstil errichtet. Ein besonders schönes Beispiel dafür ist diese Villa in der Schloßberggasse, an der besonders die Balkon-, Dach- und Fenstergestaltung auffällt.

Viele Tausende Jugendliche aus aller Welt sind alljährlich im Jugendgäste-haus Hütteldorf zu Gast, das – entgegen seinem Namen – in Hacking, Schloßberggasse 8, steht. Es wurde in den Jahren 1956 bis 1958 von der Gemeinde Wien erbaut.

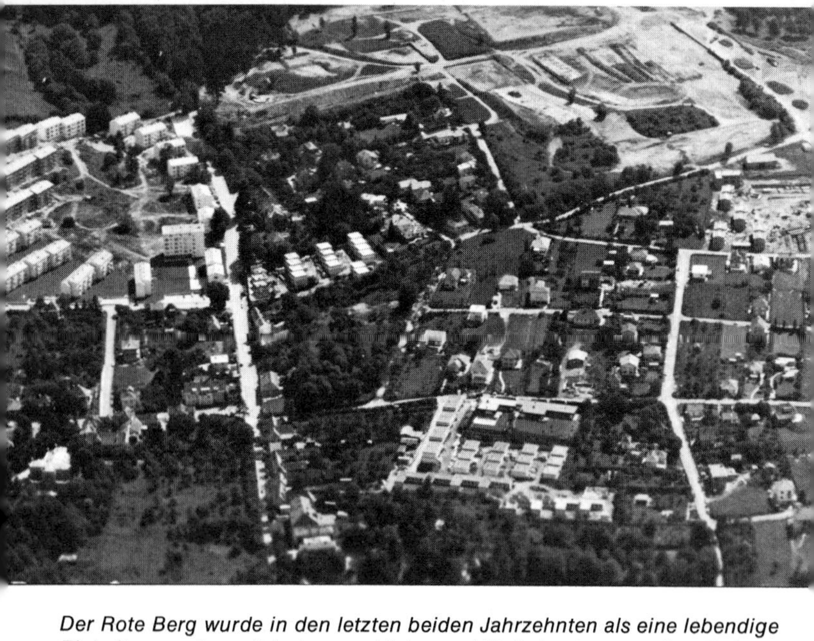

Der Rote Berg wurde in den letzten beiden Jahrzehnten als eine lebendige Einheit von grünen Erholungsgebieten und Wohnbauten gestaltet. Er kann gleichsam als Symbol für Hietzing, den »Bezirk im Grünen«, bezeichnet werden.

stellungen in Sketches und kleinen Solonummern, ohne vorerst besonders aufzufallen.

1926 gelang ihm der Durchbruch. Die Sketches »Der Dienstmann« und »Der Krankenkassenpatient«, die später immer wieder gespielt, mehrmals auf Schallplatten aufgenommen und verfilmt wurden, machten ihn ungemein populär. Jetzt erhielt er Rollen am Volkstheater, komische Operettenrollen von Hubert Marischka im Theater an der Wien und auch die ersten Filmrollen für Stummfilme wie »Die Lampelgasse« und »Der Feldherrnhügel«.

Der Tonfilm machte Hans Moser im ganzen deutschen Sprachraum populär. Er spielte in weit über hundert Filmen, darunter in den meisten Filmen von Willi Forst wie »Leise flehen meine Lieder«, »Maskerade«, »Burgtheater«. Einer seiner letzten großen Erfolge war der Fernsehfilm »Geschichten aus dem Wienerwald« nach Ödön von Horvaths Bühnenstück. In fast allen seinen Filmen verkörperte Hans Moser Wiener Originale. Seine nuschelnde Sprechweise, die von ihm dargestellte Kombination der zur Schau getragenen »Grantigkeit« mit einem weichen Herzen machten ihn zu einer unverwechselbaren Persönlichkeit. Er wurde vor allem für das deutschsprachige Ausland zur Verkörperung des Wienerischen – für die Wiener war er der umjubelte und geliebte Star.

Hans Moser blieb trotz seiner Filmtätigkeit immer dem Theater treu. Dabei war Max Reinhardt, der große Theaterzauberer, sein besonderer Förderer. Er holte Moser ans Theater in der Josefstadt und ans Deutsche Theater in Berlin und nahm ihn auch auf seine Tourneen mit, unter anderem mit der schon legendären Inszenierung von Shakespeares »Sommernachtstraum« nach New York. Hans Moser brillierte vor allem in Raimund- und

117

Nestroy-Rollen und konnte dabei beweisen, wie falsch der Vorwurf mancher Kritiker war, er sei nur ein Klamaukkomiker für Unterhaltungsfilme.

Hans Moser erhielt 1950 den Ehrenring der Stadt Wien, 1954 wurde er Mitglied des Burgtheaters, 1961 erhielt er die Josef-Kainz-Medaille der Stadt Wien für die beste schauspielerische Leistung des vergangenen Jahres, 1963 erhielt er den Titel »Kammerschauspieler«. Hans Moser starb am 19. Juni 1964. Er wurde in einem Ehrengrab der Stadt Wien auf dem Zentralfriedhof beigesetzt.

ALFONS PETZOLD

Kein anderer hat die Not und das Ausgeliefertsein des Arbeiters in der letzten Zeit des vorigen und am Beginn unseres Jahrhunderts so eindringlich dargestellt wie Alfons Petzold. Er schilderte mit eminenter Begabung sein eigenes Leben, vor allem in seinen Gedichten und seinem autobiographischen Werk »Das rauhe Leben«. Einen großen Teil seiner Jugend verbrachte Petzold, der am 24. September 1882 geboren wurde, in Ober St. Veit. Er schilderte den Ort seiner Jugend: »Das Haus ragte aus einem alten großen Garten heraus und schaute auf drei Seiten mit seinen glücklichen Fenstern in den Wald, der wie ein grundgütiger, uralter Großvater mich oft in seine heiligen Arme nahm.«

Der plötzliche Tod des Vaters stürzte die Familie in bitterstes Elend. Der Traum des Knaben, Arzt zu werden, war ausgeträumt. Auch in einer Kellnerlehre konnte er nicht bleiben, er mußte für seine Mutter und sich Geld verdienen. Obwohl er an Tuberkulose – die man wegen ihrer Häufigkeit unter der armen Bevölkerung Wiens die »Wiener Krankheit« nannte – erkrankte, arbeitete er unermüdlich in seiner Freizeit an seiner Weiterbildung, hörte Vorlesungen in den Arbeiterbildungsvereinen und hielt selbst welche, schrieb seine Werke und las aus ihnen in Veranstaltungen vor. Er brach mehrmals zusammen, verlor deshalb immer wieder seinen Arbeitsplatz – bis sich wohlhabende Gönner fanden, die ihm eine ordentliche ärztliche Betreuung und einen Kuraufenthalt in Tirol ermöglichten. Es war aber nur mehr möglich, sein Leben um einige Jahre zu verlängern. Der Dichter der Wiener Arbeiter starb am 26. Jänner 1923, erst 41 Jahre alt, in Kitzbühel.

JOSEF POPPER-LYNKEUS

In der Woltergasse 2a wohnte Josef Popper, der sich nach einer griechischen Sagengestalt, dem scharfsichtigen Sohn des Aphareus, das Pseudonym Lynkeus wählte.

Josef Popper-Lynkeus, 1838 in Wien geboren, war Physiker. Er entdeckte als Vierundzwanzigjähriger die elektrische Kraftübertragung, doch blieb seine Erfindung unbeachtet. Erst als zwanzig Jahre später der Franzose Deprez auf der Elektrischen Ausstellung in München die Möglichkeit der elektrischen Kraftübertragung praktisch vorführte, versuchte Popper-Lynkeus die Priorität seiner Arbeit geltend zu machen, allerdings ohne größeren Erfolg als anerkennende Worte der Akademie der Wissenschaften.

Großen Einfluß auf die Menschen seiner Zeit gewannen jedoch die Arbeiten von Popper-Lynkeus auf dem Gebiet der Ethik und der Sozialreform. 1911 erschien sein Hauptwerk, »Die allgemeine Nährpflicht als Lösung der sozialen Frage«. Er vertrat darin die Auffassung, daß jeder Mensch das Recht zu leben besitze, daß niemand anderer über dieses unantastbare Recht verfügen dürfe

und daß es die Pflicht der Gesellschaft sei, dieses Lebensrecht sicherzustellen. Es müsse deshalb jedem Menschen ein Existenzminimum garantiert werden, das alles enthalte, was zum Leben notwendig sei und, falls die Mittel reichen, noch einiges mehr, was auch die Behaglichkeit des Lebens gewährleistet. Das Lebensnotwendige soll jedem zugeteilt werden. Niemand soll es nötig haben, talentiert, energisch, gelehrt, schön, schlau oder schlecht zu sein, um leben zu können. Dieses Existenzminimum soll durch die allgemeine Nährpflicht aufgebracht werden, von der niemand befreit und niemand ausgeschlossen werden soll.
Josef Popper-Lynkeus starb 1922.

EGON SCHIELE

Zu den bedeutendsten und schöpferisch produktivsten österreichischen Künstlern unseres Jahrhunderts gehört Egon Schiele.
Er wurde am 12. Juni 1890 in Tulln als Sohn eines Stationsvorstandes geboren, studierte an der Wiener Akademie der bildenden Künste, brach jedoch sein Studium wegen Differenzen mit seinem Lehrer Christian Griepenkerl ab. Seine künstlerische Eigenwilligkeit, das konsequente Bekenntnis zur eigenen Persönlichkeit schufen ihm während seines ganzen Lebens viele Probleme (unter anderem 1912 eine Gefängnishaft von 24 Tagen, verhängt vom Bezirksgericht Neulengbach, das seine Werke als pornographisch verurteilte) – aber sie waren auch die Basis seiner ungewöhnlichen Schaffenskraft.
Gemeinsam mit Oskar Kokoschka stand Schiele an der Spitze der expressionistischen Avantgarde. Heute hütet man in Sammlungen in der ganzen Welt etwa 2000 Ge-

mälde, Aquarelle, Radierungen und Zeichnungen Schieles als wesentlichen Beitrag zur Malerei des 20. Jahrhunderts. Zu seinen Lebzeiten fand er allerdings nur wenig Anerkennung.

Im Frühjahr 1918 erlangte Egon Schiele mit einer Ausstellung in der Secession seinen ersten großen künstlerischen und finanziellen Erfolg. Im Sommer konnte er sein neues Atelier Wattmanngasse 6 beziehen, er wohnte Hietzinger Hauptstraße 114. Im Oktober erkrankte seine Frau Edith an der damals in Wien grassierenden »Spanischen Grippe«, der Tausende Menschen zum Opfer fielen. Er pflegte seine Frau aufopfernd, doch sie starb. Drei Tage später, am 31. Oktober 1918, erlag auch Egon Schiele der gleichen Krankheit. Das Ehepaar wurde auf dem Ober St. Veiter Friedhof im gemeinsamen Grab bestattet, den Grabstein schuf der ungarische Bildhauer Beni Ferenczy, von dem auch eine Schiele-Gedenkmedaille stammt. In Hietzing ist eine Gasse nach Egon Schiele benannt.

RUDOLPH SLATIN PASCHA

Am 27. Juni 1857 wurde in Ober St. Veit Rudolph Slatin, Sohn eines Kaufmanns, geboren. Er erhielt eine solide kaufmännische Ausbildung, zeigte jedoch schon in jungen Jahren ein besonderes Interesse für die fremde und kaum noch erforschte Welt Afrikas. Mit 19 Jahren bereiste er Ägypten und den Sudan, die Großbritannien seinem Weltreich angegliedert hatte.

Nachdem Rudolph Slatin als Leutnant der Reserve an der Okkupation Bosniens durch Österreich teilgenommen hatte, wurde er 1879 vom britischen Gouverneur für Ägypten und den Sudan, Gordon Pascha, nach Kairo berufen. Er erhielt den Auftrag, ein Steuersystem für den Sudan auszuarbeiten. Ein Jahr lang bereiste er das noch kaum erschlossene Gebiet. Dann wurde er zum Gouverneur und Militärkommandanten der Provinz Darfur im Westen des Sudan berufen.

Vier Jahre lang leitete er die britische Kolonialverwaltung von Darfur, dann brach der Aufstand der Sudanesen gegen die Fremdherrschaft los. An seiner Spitze stand der Mahdi, ein Derwisch namens Mohammed Achmed. Im »Heiligen Krieg« eilten die Mahdisten von Sieg zu Sieg und überwältigten schließlich auch die britische Besatzung der Hauptstadt Khartum. Gordon Pascha und seine engsten Mitarbeiter wurden geköpft. Dem Österreicher Slatin schenkte der Mahdi zwar das Leben, hielt ihn jedoch in Gefangenschaft. Elf Jahre lang, von 1884 bis 1895, vegetierte Slatin in sudanesischer Haft, einen großen Teil dieser Zeit in Ketten gelegt. Die Bemühungen der österreichischen Regierung, ihn freizubekommen, hatten keinen Erfolg.

Schließlich gelang Rudolph Slatin doch die Flucht. Barfuß und nur mit dem Schwert bewaffnet, das im Hietzinger Bezirksmuseum aufbewahrt wird, erreichte er nach zwölftägigem Kamelritt den britischen Militärstützpunkt in Assuan.

Rudolph Slatin schrieb über seine Erlebnisse das Buch »Feuer und Schwert im Sudan«, das 1896 in Leipzig erschien. Der Khedive von Ägypten verlieh ihm den Titel Pascha, der König von England den Bath-Orden, der mit dem Titel »Sir« verbunden war, Kaiser Franz Joseph erhob ihn in den Freiherrnstand.

1896, nach dem Tod des Mahdi, wurde der Sudan durch einen britischen Feldzug unter dem Kommando von Lord Kitchener, an dem auch Winston Churchill als Kriegsberichterstatter teilnahm, niedergeworfen. Slatin Pascha war bei diesem Feldzug der Leiter des militärischen Geheimdienstes, wobei er seine Kenntnis von Land und Leuten verwertete. Er wurde britischer General-major und schließlich im Jahre 1900 Generalinspek-teur des Sudan.

Als 1914 der Erste Weltkrieg begann und damit auch Österreich und Großbritannien zu Kriegsgegnern wur-den, schied Slatin Pascha aus seinem Amt und kehrte nach Wien zurück. Der Kaiser übergab ihm die Oberauf-sicht über die Kriegsgefangenenfürsorge des Roten Kreuzes.

Den Lebensabend verbrachte Slatin Pascha meist auf seinem Gut in Meran. Er starb am 4. Oktober 1932 in Wien und wurde auf dem Ober St. Veiter Friedhof beige-setzt. Eine Gasse in Ober St. Veit trägt seinen Namen.

JOHANN STRAUSS SOHN

Sechzehn Jahre lang, von 1862 bis 1878, lebte Johann Strauß Sohn in der schönen Jahreszeit im Hause Ma-xingstraße 18 (die damals Hetzendorfer Straße hieß). Hier schrieb er unter anderem seine erfolgreichste Ope-rette, »Die Fledermaus«. Die Jahre in Hietzing waren zugleich die Jahre mit seiner ersten Frau, der Sängerin Henriette (Jette) Chalupetzky, die als Sängerin den Mädchennamen ihrer Mutter, Treffz, als Künstlernamen getragen hatte. Die Ehe wurde am 27. August 1862 ge-schlossen, Henriette Strauß starb am 8. April 1878.

Johann Strauß wurde am 25. Oktober 1835 in Mariahilf geboren. Sein Vater war der populärste Wiener Unter-haltungsmusiker seiner Zeit, er hat den Walzer hoffähig gemacht und schrieb mit dem »Radetzkymarsch« eines der erfolgreichsten Musikstücke aller Zeiten.

Sohn Johann hat zwar schon mit sechs Jahren seinen ersten Walzer komponiert, der später unter dem Titel

»Der erste Gedanke« veröffentlicht wurde, der Vater hielt ihn jedoch für unmusikalisch und wollte ihn zum Bankbeamten ausbilden lassen. Nach vier Jahren Gymnasium besuchte Johann Strauß das Polytechnikum, von dem er jedoch ausgeschlossen wurde – angeblich, weil er sich während des Unterrichts nur mit Musik beschäftigte und öfter laut sang.

Die Mutter ermöglichte Johann ein heimliches Musikstudium, unter anderem bei Josef Drechsler, dem Kapellmeister des Theaters in der Josefstadt, dem er ein profundes theoretisches Wissen verdankte. Als sein Vater die Mutter verließ, konnte er sein Studium offiziell fortsetzen. Die Familie geriet in finanzielle Schwierigkeiten, deshalb bewarb sich Johann im Alter von 19 Jahren um die Lizenz für ein »Wirtshausorchester«. Er bekam sie und konnte am 15. Oktober 1844 beim Dommayer in Hietzing erstmals vor die Öffentlichkeit treten. Er hatte sofort großen Erfolg und übertraf bald seinen Vater an Popularität, sowohl als Komponist wie als Dirigent.

1864 traf Johann Strauß in Wien mit dem Begründer der Operette, Jacques Offenbach, zusammen, der ihn anregte, sich selbst in diesem Genre zu versuchen. Sein erstes Werk, »Die lustigen Frauen von Wien«, wurde nie aufgeführt und ist verschollen. Die erste aufgeführte Strauß-Operette war »Indigo« (1871), es folgte »Karneval in Rom« (1874) und dann bereits »Die Fledermaus«, die am 5. April 1874 im Theater an der Wien erstmals gespielt wurde. Es wird berichtet, daß er diese erfolgreichste Operette aller Zeiten in nur 42 Nächten im Haus in der Maxingstraße geschrieben hat.

In der Hietzinger Zeit entstanden noch zwei weitere Operetten, »Cagliostro« (1875) und »Prinz Methusalem« (1877). Daneben schrieb Johann Strauß in dieser

Zeit zahlreiche andere Kompositionen, darunter den Walzer »An der schönen blauen Donau« (allerdings nicht in Hietzing, sondern in der Winterwohnung im 2. Bezirk), den er für die Liedertafel des Wiener Männergesangsvereins im Fasching 1867 im Dianabad komponierte, außerdem unter anderem die Walzer »Künstlerleben« und »G'schichten aus dem Wienerwald«.

Johann Strauß unternahm zahlreiche Tourneen, vor allem nach Rußland, aber auch in die USA. Sein Orchester umfaßte zeitweise 200 Musiker, die er in mehrere »Original-Johann-Strauß-Orchester« aufteilte. Oft spielten am gleichen Abend mehrere dieser »Original-Orchester« an verschiedenen Stellen in Wien, Johann Strauß hetzte von einem Veranstaltungsort zum andern und dirigierte überall zwei oder drei seiner Kompositionen.

1876 begann Johann Strauß mit dem Bau eines eigenen Hauses in der damaligen Igelgasse, heute Johann-Strauß-Gasse 4 im 4. Bezirk. Nach dem Tod seiner Frau Henriette verließ Johann Strauß seine Hietzinger Wohnung und übersiedelte in das soeben fertiggestellte Haus, das als »Strauß-Palais« stadtbekannt wurde. Am 28. Mai 1878 heiratete Johann Strauß die Sängerin Angelika Dittrich. Die Ehe war jedoch nicht glücklich, sie wurde 1882 geschieden. Um nochmals heiraten zu können, verzichtete Johann auf die österreichische Staatsbürgerschaft, wurde Staatsbürger von Coburg-Gotha und trat zum evangelischen Glauben über. 1887 schloß er seine dritte Ehe mit einer Witwe, die den gleichen Familiennamen wie er trug: Adele Strauß, geborene Deutsch.

Die erfolgreichsten Operetten nach Strauß' Hietzinger Zeit waren »Eine Nacht in Venedig« und »Zigeunerbaron«. Daneben schrieb er noch viele herrliche Walzer wie »Wiener Blut«, »Rosen aus dem Süden« und den »Kaiserwalzer«. Am 3. Juni 1899 starb Johann Strauß, er wurde in einem Ehrengrab auf dem Zentralfriedhof bestattet. International bekannt ist das Strauß-Denkmal im Stadtpark, ein zweites steht im Hof seines Hauses in der Johann-Strauß-Gasse, die noch in seinem Todesjahr nach ihm benannt wurde. An seinem Wohnhaus in der Maxingstraße wurde eine Gedenktafel angebracht, weitere Gedenktafeln an den Häusern 7, Lerchenfelder Straße 15 (Geburtshaus), 2, Praterstraße 54 (wo er den Donauwalzer schrieb) und 4, Johann-Strauß-Gasse 4 (Sterbehaus).

CHARLOTTE WOLTER

Man feierte sie als die »Königin des Burgtheaters«, sie galt als größte Schauspielerin ihrer Zeit. Der Kritiker Ludwig Speidel schrieb 1887 über sie: »Das Trauerspiel ist die Heimat der Wolter, der Kampf auf Leben und Tod ihr eigentliches Element; da besitzt sie wahrhaft aufreizende und hinreißende Gebärden, Worte, die wie Blitze einschlagen und wie Donner rollen, furchtbare, markerschütternde Töne...«
Charlotte Wolter, geboren am 1. März 1834 in Köln, wuchs in ärmlichen Verhältnissen auf. Als Zehnjährige kam sie erstmals ins Theater und war fasziniert. Mit 16 Jahren schloß sie sich einer Wandertruppe an. Nach mehreren Jahren auf der »Schmiere« konnte sie in Wien Schauspielunterricht nehmen und stand 1857 in Budapest erstmals auf einer richtigen Bühne. Sie schloß sich einer ungarischen Wandertruppe an, kam schließlich völlig mittellos nach Wien zurück und erlangte ein Engagement für kleine Rollen am Carltheater. Es wurde für sie zum Sprungbrett für größere Aufgaben in Brünn,

Berlin und Hamburg, wo sie zur gefeierten Tragödin wurde. Am 1. Juni 1862 begann sie als Iphigenie ein Gastspiel am Wiener Burgtheater, das ihr ein Jahr später einen Sechsjahresvertrag einbrachte, der schließlich bis an ihr Lebensende verlängert wurde. Sie spielte am Burgtheater mehr als 140 Rollen, darunter fast alle großen tragischen Frauengestalten Shakespeares, Goethes, Schillers und Grillparzers.

Charlotte Wolter war in einer vorerst geheimgehaltenen Ehe mit dem aus Belgien stammenden Grafen O'Sullivan verheiratet. Das Ehepaar wohnte in einer Villa, die an der Stelle des jetzigen Hauses Trauttmansdorffgasse 33 stand. Charlotte Wolter starb am 14. Juni 1897, neun Jahre nach dem Tod ihres Mannes. Sie wurde auf dem Hietzinger Friedhof bestattet, dann jedoch in einem Ehrengrab auf dem Zentralfriedhof beigesetzt. Eine Gasse in Hietzing trägt ihren Namen.

Katharina Schratt

Filme, Romane, Erzählungen und wissenschaftliche Abhandlungen befassen sich mit der dreißigjährigen Beziehung zwischen der Schauspielerin Katharina Schratt und Kaiser Franz Joseph. Schönbrunn und die »Schratt-Villa« in der Gloriettegasse bilden bei allen Darstellungen den Rahmen.

Maria Katharina Schratt, die ihren ersten Vornamen nie gebrauchte und in der Familie Kathi gerufen wurde, kam am 11. September 1853 in Baden zur Welt. Ihr Großvater Johann Chrysostomus Schratt, der aus Konstanz am Bodensee stammte und in Wien Medizin studierte, hatte sich 1804 als Arzt in dem aufstrebenden Kurort Baden niedergelassen. Sein Sohn Anton betrieb dort ein Schnittwarengeschäft und heiratete Katharina Wallner, die Tochter eines Drechslermeisters. Das Ehepaar hatte vier Kinder, drei Söhne und als jüngstes Kind Katharina.

Im gleichen Jahr, in dem Katharina geboren wurde, verlobte sich der 23jährige Kaiser Franz Joseph in Ischl mit Elisabeth, der Nichte seiner Mutter Sophie und Tochter des Herzogs Max von Bayern. 1854 fand in Wien die glanzvolle Hochzeit statt.

Katharina Schratt interessierte sich schon als Kind sehr für das Theater. Mit 15 Jahren wirkte sie in einer Vorstellung der Laienbühne Leobersdorf mit. Ihre Eltern widersetzten sich lange ihrem Wunsch, Schauspielerin zu werden, schickten sie deswegen sogar in ein Internat nach Köln, erlaubten ihr aber schließlich doch den Eintritt in die damals sehr angesehene Wiener Theaterakademie »Kürschner«.

DEBÜT IN BERLIN

1872 bewarb sie sich bei Heinrich Laube, Direktor des Stadttheaters, und Franz v. Dingelstedt, Direktor des Burgtheaters, um ein Engagement. Beide boten ihr Verträge ohne Zusage bestimmter Aufgaben, also nur für kleine Rollen. Aus dem Dilemma, ob sie annehmen solle, erlöste sie Botho von Hülsen, Direktor des Berliner königlichen Schauspielhauses, der ihr einen Vertrag für erste Rollen bot. Sie debütierte mit großem Erfolg als Gustl in »Gustl von Blasewitz«, einer von Siegmund Schlesinger dramatisierten Schiller-Anekdote. Zum Publikumsliebling avancierte sie im Oktober als Käthchen von Heilbronn.

Für diese Rolle holte sie Laube nach Wien. Nach der Premiere am 24. März 1873 wurde sie von Publikum und

Presse gefeiert, der Kritiker der »Neuen Freien Presse« beschrieb die Zwanzigjährige als »ein junges, anmutiges Mädchen mit blonden Haaren, blauen Augen und einem taufrischen Kindergesichtchen«. Ein anderes Käthchen, in Shakespeares »Der Widerspenstigen Zähmung«, brachte ihr noch mehr Erfolg. Sie spielte die Rolle auch bei einer Galavorstellung anläßlich des 25. Jahrestages der Thronbesteigung Franz Josephs vor dem Kaiser. Nach einem kurzen Gastspiel am Deutschen Hoftheater in St. Petersburg kehrte Katharina Schratt wieder ans Stadttheater zurück. 1879 heiratete sie den um ein Jahr älteren Nikolaus Kiß von Ittebe, Großgrundbesitzer im Banat. Die Ehe blieb zwar bis zum Tod des Gatten im Jahre 1909 auf dem Papier bestehen, das Paar lebte jedoch nicht miteinander. Kiß war als Diplomat tätig, unter anderem als österreichischer Konsul in Buenos Aires und in Algier.

AM BURGTHEATER

Katharina Schratt hatte nach der Hochzeit ihren Beruf aufgegeben, kehrte aber infolge der faktischen Auflösung der Ehe 1882 zur Bühne zurück. Sie spielte zuerst am Deutschen Theater in New York und wurde 1883 vom neuen Burgtheaterdirektor Adolf Wilbrandt engagiert. Die folgenden Jahre waren eine der glanzvollsten Zeiten des Burgtheaters. Im Ensemble waren die Herren Lewinsky, Sonnenthal, Devrient, Schreiner, Dr. Tyrolt, Hugo Thimig, die Damen Wolter, Hartmann, Hohenfels, Schratt. Im Sommer spielten die Schratt und viele andere Prominente im kleinen Theater von Ischl, der Sommerfrische, die durch die Anwesenheit des Kaisers zum Treffpunkt der Reichen und Prominenten geworden war. Ihren größten Erfolg errang die Schratt dort als

Partnerin Alexander Girardis in Raimunds »Verschwender«.

1887 wurde Katharina Schratt zur Hofschauspielerin ernannt, 1893 zum lebenslänglichen Mitglied des Burgtheaters. Die größte Auszeichnung erlebte sie allerdings im Zusammenhang mit dem Bau des neuen Burgtheaters (1874–1888): Der Maler Josef Fux, der den Bühnenvorhang mit Darstellungen der tragischen und der heiteren Muse gestaltete, gab der tragischen Muse die Züge von Charlotte Wolter, der heiteren Muse die Züge von Katharina Schratt. Der Vorhang wurde bei der Zerstörung des Burgtheaters durch Bombentreffer im Jahre 1945 vernichtet.

Franz Joseph war ein häufiger Besucher des Burgtheaters, vor allem der heiteren Stücke, in denen die Schratt brillierte. Beim Industriellenball des Jahres 1885 kam es zum ersten längeren Gespräch der beiden. Im August des gleichen Jahres fanden im Schloß Kremsier Verhandlungen über Balkanprobleme zwischen Franz Joseph und dem russischen Zaren Alexander III. statt. Für eine Festvorstellung aus diesem Anlaß wurden Schratt, Wolter, Sonnenthal und Baumeister engagiert. Bei dieser Gelegenheit ist es vermutlich zum ersten engeren Kontakt zwischen dem Kaiser und der Schauspielerin gekommen.

KAISERIN ELISABETH

Die Ehe Franz Josephs dürfte sich ähnlich wie die Ehe der Schratt entwickelt haben. Elisabeth war keineswegs die lebenslustige Sissy der Filme, sondern menschenscheu und schwermütig. Um ihrer Naturliebe entgegenzukommen, ließ Franz Joseph für sie die Hermes-Villa im Lainzer Tiergarten erbauen. Ihre Reiselust konnte er dadurch nicht eindämmen. Er entsprach auch ihrem Wunsch, auf der griechischen Insel Korfu eine Villa für sie zu errichten, die sie mit kostbaren Statuen und Gemälden anfüllte, aber dann nur selten betrat.

Elisabeth wußte, wie sehr die Burgschauspielerin Schratt von ihrem Gatten bewundert wurde. Sie gab Heinrich von Angeli, dem Porträtisten der Herrscherfamilien seiner Zeit, den Auftrag, die Schratt zu porträtieren und schenkte das Bild Franz Joseph. Dabei kam es wieder zu längeren Gesprächen. Die ständige Beziehung entstand schließlich, als der Kaiser Katharina Schratt in ihrer Urlaubsvilla in St. Wolfgang besuchte. Dreißig Jahre lang trafen die beiden fast täglich zusammen.

Franz Joseph hatte einen streng geregelten Tagesablauf: Er legte sich, wenn es möglich war, um 20 Uhr nieder und ließ sich täglich um halb 4 Uhr wecken. Bis halb 7 Uhr arbeitete er am Schreibtisch, im Winter in der Hofburg, in der schönen Jahreszeit in Schönbrunn. Dann frühstückte er, machte eine Stunde Pause, arbeitete bis Mittag weiter, machte wieder eine Stunde Pause und arbeitete dann bis am Abend.

GLORIETTEGASSE 9

Die beiden Pausen verbrachte der Kaiser ab dem Jahre 1886 meistens mit Katharina Schratt. Im Winter empfing er sie dazu in der Hofburg. Im Sommer verließ Franz Joseph in der Früh durch eine kleine Pforte am höchsten Punkt des Schönbrunner Schloßgartens seine Residenz und ging in die Villa Gloriettegasse 9, die Katharina Schratt zuerst gemietet und dann auf Raten gekauft hatte. Sie besaß außerdem eine Stadtwohnung im Haus Kärntner Ring 4. Beim Frühstück in der Hietzinger Villa

waren die beiden immer allein. Es gab Tee, hausge-
machten Gugelhupf und Bäckereien, für den Kaiser
nachher eine Zigarre »Regalia media«.

Was für eine Frau war Katharina Schratt? Hermann
Bahr hat sie in seinen »Glossen zum Wiener Theater«
beschrieben: »Gleich, wenn sie kommt, ist das Ohr be-
tört, so freundlich klingt uns diese helle Stimme an, in
der alle kleinen Teufelchen der Wiener Laune lauern –
aber jetzt schlägt sie die Augen auf – Augen einer Melusine, die sich nach dem tiefen Wasser sehnt, verträumt,
unirdisch, entrückt, zu denen nur der fröhliche, gesprä-
chige Mund eigentlich gar nicht paßt, um den es sehr
weltlich, sehr irdisch, hausfraulich verständig blitzt.
Dem Wiener wird warm – er ist kein Troubadour, sein
Ideal muß am häuslichen Herd stehen. Diese ideale
Wiener Frau Melusine mit dem Kochlöffel, der schon in
der schnadahüpfelnden Stimme, ja sogar schon in ihrem behaglichen, kampfbereiten Gang droht, das ist die
Schratt.«

KUCHELSOIREEN

Berühmt waren ihre »Kuchelsoireen«: Schauspieler,
Schriftsteller, Maler, Musiker kamen in der Küche der
Hietzinger Villa zusammen, saßen um den Herd, wo
Würstel gekocht wurden, in der Ecke stand ein frisch
angeschlagenes Faß Bier. Die Schratt sorgte dafür, daß
immer ein interessanter ausländischer Gast anwesend
war oder ein Dichter sein jüngstes Werk vorlas. Eine Attraktion konnte sie ihren Gästen allerdings nie bieten:
den Kaiser.

KRIMINALFALL GIRARDI

Einmal war die Schratt-Villa sogar Mittelpunkt einer Kriminalaffäre. Die Ehe von Alexander Girardi mit seiner Kollegin Helene Odilon war gescheitert. Um das beträchtliche Vermögen für sich zu sichern, wollte die Odilon ihren Gatten unter der Beschuldigung, er sei kokainsüchtig, entmündigen lassen. Über Vermittlung ihres Freundes, des Barons Rothschild, gab sich der große Psychiater Dr. Wagner-Jauregg dazu her, ein entsprechendes ärztliches Gutachten auszustellen, ohne Girardi zu untersuchen – wozu beigetragen haben mag, daß der Schauspieler eine solche Untersuchung ablehnte. Das Gutachten genügte für den Polizeiarzt, die Einweisung Girardis in eine psychiatrische Klinik anzuordnen.

Girardi entzog sich der Ausführung dieser Anordnung durch die Flucht – in die Schratt-Villa. Die Polizei erfuhr seinen Aufenthaltsort, wagte es jedoch nicht, in die Villa der Kaiserfreundin einzudringen. Die Schratt erreichte von Franz Joseph, daß er die Anordnung des Polizeiarztes aufhob. Es kam zu einem ordentlichen Verfahren beim Landesgericht, das Girardi voll rehabilitierte.

SOMMER IN ISCHL

Im August machte die Schratt ebenso wie der Kaiser Urlaub. Sie gab allerdings ihr Haus in St. Wolfgang auf und mietete die Villa »Felicitas« in Ischl, nahe der Kaiservilla. So bestand der enge Kontakt auch während des Urlaubs. Sie spielte aber nach wie vor im Ischler Sommertheater, unter anderem mit der Niese und mit Slezak.

Katharina Schratt war eine große Tierfreundin. In ihrer Hietzinger Villa gab es nicht nur Hunde und Katzen, sondern auch Affen und Papageien. Sie war auch – was für ihre Zeit sehr ungewöhnlich war – eine begeisterte Bergsteigerin, ein Pionier des Alpinismus. Und schließlich erfüllte sie – in extremem Gegensatz zum überkorrekten Kaiser – die Leidenschaft zum Spiel. Jeden Frühling verbrachte sie einige Tage in Beaulieu an der Riviera und besuchte täglich das Casino. Sie brachte auch den Kaiser dazu, sie einmal inkognito zu begleiten, aber er hatte kein Verständnis für ihre Leidenschaft.

Katharina Schratt war oft auch Trösterin für Franz Joseph – nach der Tragödie von Mayerling, als sich sein einziger Sohn Rudolf erschoß (oder, wie manche Historiker für möglich halten, wegen seiner liberalen Ansichten erschossen wurde), nach der Ermordung der Kaiserin Elisabeth durch einen italienischen Anarchisten in Genf, nach der Ermordung des Thronfolgers Franz Ferdinand in Sarajewo.

THEATERINTRIGE

Ihre eigene Karriere nahm ein jähes Ende. Die Vertraute des Kaisers hatte natürlich viele Feinde am Hof. Einer davon scheint der 2. Obersthofmeister Fürst Montenuovo gewesen zu sein, der für das Burgtheater zuständig war. Er fand im neuen Burgtheaterdirektor Dr. Paul Schlenther, einem ehemaligen Theaterkritiker, einen Verbündeten. Die Schratt wurde fast nicht mehr beschäftigt und reichte deswegen verärgert ihr Pensionsgesuch ein. Es wurde dem Kaiser vorgelegt, der es, ohne mit der Schratt vorher darüber zu reden, unterschrieb. So schied Katharina Schratt 1900 vom Burgtheater. Zutiefst gekränkt verließ sie Wien und kehrte erst nach einem Jahr wieder zurück. Franz Joseph betrat nie wieder das Burgtheater.

Katharina Schratt spielte noch einmal in Wien, in der Titelrolle des Lustspiels »Maria Theresia« von Franz Schönthan im Volkstheater. Sonst widmete sie sich ganz ihrer Beziehung zum Kaiser, ihren Kuchelsoireen, ihren Tieren und dem Spiel.

Wie weit ihr politischer Einfluß auf den Kaiser ging, läßt sich nicht eindeutig feststellen. Die informierten Zeitgenossen dürften ihn jedoch hoch eingeschätzt haben. Als nach dem Ausbruch des Ersten Weltkrieges Italien die Fortsetzung seiner Neutralität davon abhängig machte, daß Österreich seine italienischen Besitzungen abtrat, unterstützte die deutsche Regierung inoffiziell diese Forderung. Sie versuchte, ihren Standpunkt mit Hilfe von Katharina Schratt durchzusetzen, und entsandte deshalb Fürst Wedel als Sondergesandten nach Wien, der hier mit der Vertrauten des Kaisers Kontakt aufnahm. Katharina Schratt lehnte jedoch eine Intervention mit der Begründung ab, sie sei eine Frau und befasse sich deshalb nicht mit Politik.

Die Tiefe der persönlichen Beziehung war jedenfalls allgemein bekannt. Als Franz Joseph am 21. November 1916 starb, 86 Jahre alt und davon 68 Jahre Kaiser, wurden nur zwei weiße Rosen in seinen Sarg gelegt – von Katharina Schratt.

EINE LEGENDE

Nach der Beisetzung des Kaisers übersiedelte die Schratt nach Ischl, wo sie fünf Jahre lang blieb. Dann kehrte sie in ihre Wohnung am Kärntner Ring zurück. Sie widmete sich vor allem dem Tierschutzverein, der in der Kriegs- und Nachkriegszeit in arge finanzielle Schwierigkeiten geraten war. Die Schratt half mit einer originellen Aktion: Wer für den Tierschutzverein spendete, egal, wieviel, wurde von ihr empfangen. Täglich war von 4 bis 6 Uhr nachmittags Empfangszeit.

Zugunsten der notleidenden Menschen veranstaltete sie Lesungen, zuletzt 1922 in Preßburg und in Budapest. Dann zog sie sich völlig zurück. Sie wurde zur Legende. Alle Angebote, ihre Memoiren zu veröffentlichen, darunter von amerikanischen Verlagen für Traumsummen, lehnte sie ab.

Katharina Schratt erlebte noch den Beginn des Zweiten Weltkriegs. Am 17. April 1940 schlief sie, im 83. Lebensjahr, ganz ruhig ein und erwachte nicht mehr. Ihr Biograph Hermann Mailler schrieb: »Als die Wiener am nächsten Tage aus der Zeitung von ihrem Ableben erfuhren, wunderten sie sich, daß Frau Schratt noch gelebt hatte, sosehr war sie bereits Vergangenheit, Legende und Geschichte geworden.«

Katharina Schratt wurde auf dem Hietzinger Friedhof beigesetzt.

Die Maschinenmeister von Schönbrunn

Die Familie Brennig in Ober St. Veit hütet alte Dokumente, die einen interessanten Einblick in die Vergangenheit bieten. Das älteste davon trägt das Datum 26. November 1713 und hat folgenden Wortlaut:

»Von der Kais Kön. und Landesfürstlichen Nieder-Österreichischen Regierung wegen den sämmtlichen hier Landes befindlichen Kreisämtern, Herrschaften, Landgerichten, Stadt- Markt- Dorf- und Grundobrigkeiten, derenselben Beamten, Richtern, und Gemeinden anzufügen, den außer Landes gelegenen Obrigkeiten aber in Freundschaft zu erinnern: Demnach Vorzeiger dieses Gottfried Brennich, kais. königl. Maschinwarter, von Boznau in preußisch Schleßien gebürtig, 52. Jahr alt, kathol., verheuratet, mittlerer untersetzter Statur, schwarzes Haar, von hier nacher Preussisch Schleßien auf Zwey Monate zu reisen Willens ist. Als wird Eingangs ernannten hier Landes befindlichen Kreisämtern, Herrschaften, Landgerichten, Stadt- Markt- Dorf- und Grundobrigkeiten, derenselben Beamten, Richtern und Gemeinden hiemit aufgetragen, die außer Landes gelegene Obrigkeiten aber werden freundnachbarlich ersuchet, obbenanten Gottfried Brennich nicht nur allein frey und ungehindert nach Preussisch Schleßien passiren, sondern auch demselben allen geneigten guten Willen und Vorschub angedeihen zu lassen.«

Gottfried Brennig, Maschinenwärter im Schloß, verreiste aber nicht nur für zwei Monate, sondern blieb offenbar für immer in seiner Heimat Schlesien. In einem weiteren Dokument, ausgestellt von »Directores, Burgermeister und Rath der Königl. Haupt- und Residenz-Stadt Breßlau« vom 15. November 1759 finden wir einen anderen Gottfried Brennig, vermutlich der Enkel des im ersten Dokument Genannten. Dieser jüngere Brennig war Tischlergeselle, und die Breslauer Tischlermeister bescheinigen ihm, daß er »treu, fleißig, friedsam und ehrlich« war. 1761 stellten ihm »Burgermeister und Rath der Kayserlichen Stadt Königsberg« einen Paß zur Reise nach Memel aus.

Gottfried Brennig kehrte an die Wirkungsstätte seines Großvaters zurück: 1788, als er in Wien seine Frau Marianne geheiratet hat, war er »Maschinenbesorger« im Schloß Schönbrunn.

Er übergab das Amt seinem Sohn Franz, einem gelernten Uhrmacher. Im Dokument darüber, das von einem

General namens der »Hof Bau Direction« unterzeichnet ist, heißt es, daß Franz Brennich »die durch Jubilierung seines Vaters Gottfried Brennich in Erledigung gekommene Maschinwärters-Stelle im k.k. Lustschlosse Schönbrunn, unter der Bedingung verrliehen, daß er zugleich das Aufziehen der Schönbrunner Schloßuhren unentgeldlich besorge, und seinen alten Vater bei sich behalte«. Dafür bekam er ein jährliches Gehalt von 216 Gulden, außerdem eine Dienstwohnung in Schönbrunn und vier Klafter Holzscheiter.

Vater Gottfried starb 1814. Er hinterließ ein Bett, Kleider im Wert von 15 Gulden und »die übrigen Fahrnisse« im Wert von 11 Gulden. Dieser bescheidenen Hinterlassenschaft standen Schulden für »Krankheit und Leichenkosten« in der Höhe von 64 Gulden gegenüber.

Franz Brennich, der sich später Brenig oder Brennig schrieb, war in den Napoleonischen Kriegen Soldat beim 3. Landwehr-Bataillon. In einem ausführlichen Brief an seine Eltern schildert er zuerst die Märsche seiner Truppe durch Ungarn und die Tschechoslowakei und berichtet dann:

»Gesund bin ich Gott sey Dank bisher noch immer gewesen, aber sehr schlecht ist es mir manchmahl schon gegangen, da ich der Gefahr des Verhungerns ausgesetzt war. Als wir bei Nicolsburg im Lager lagen, hatte ich zwey Tage nicht einen Bissen zu essen und war auch von dem starken Marsch so ermüdet, daß ich kein Glied bewegen konnte, bei Neusiedl hatt ich ganze 8 Tage nicht zu essen als mein halbes Pfund Fleisch und die lautere Suppe, denn wir faßten jeder alle Tage ein halbes Pfund Fleisch, dafür wurden uns aber täglich 4 Kreuzer abgezogen. Demohngeachtet bin ich doch noch immer Munter und Lustig und ich wünsche nur aus dem Grunde nach Hause zu kommen, um Sie, meine geliebten Ältern, zu sehen und mich mit der notwendigsten Wäsche zu versorgen, indem ich nichts als ein Hemd und eine Gatihosen habe ... Der Schaden und die Verwüstungen, welche wir anrichten, ist aber sehr groß, denn wo wir hinkommen, ist es nicht genug, daß alles Obst hin ist, sondern es wurden auch alle Bäume zerbrochen und wenn wir im Lager liegen, so werden alle Planken niedergerissen, um Koch- und Waschfeuer damit zu machen. Kein Erdäpfel und genußbahre Feldfrüchte wurde verschont und kein Federvieh darf sich gar nicht sehen lassen, ich habe selber schon 4 Gänse abgefangt.«

An dieser Schilderung ist vor allem interessant, wie das Militär – notgedrungen – im eigenen Land gehaust hat. Der Sohn dieses Franz Brennig, 1819 geboren, hieß wieder Franz und wurde Französischlehrer. Unter seinen Schülern, die er im Schloß Schönbrunn unterrichtete, war auch der spätere Kaiser Franz Joseph.

Das weitere Schicksal der Familie zeigt die Folgen der Industrialisierung. Der 1866 geborene Sohn des Sprachlehrers, Johann Brennig, war Färbergeselle. Sein Geburtsjahr – das Jahr, in dem Österreich den Krieg gegen Preußen verlor – hatte fast symbolische Bedeutung für ihn. Er gehörte zu der Generation, die all die harten Zeiten der letzten Jahrzehnte des vorigen Jahrhunderts und der ersten Hälfte unseres Jahrhunderts erlebte – die schweren Kämpfe der Arbeiterbewegung um soziale und politische Gerechtigkeit, den Ersten Weltkrieg, die Weltwirtschaftskrise und schließlich noch den Beginn des Zweiten Weltkriegs.

Das Amtshaus

Nach der Bildung des 13. Bezirkes wurde entsprechend der Wiener Stadtverfassung ein Magistratisches Bezirksamt eingerichtet, das jedoch mangels eines geeigneten Amtshauses in verschiedenen Gebäuden (Wattmanngasse 12, Trauttmansdorffgasse 24 und Woltergasse 3) untergebracht werden mußte.

Es gab jahrelange Verhandlungen und Debatten über den Bau eines geeigneten Amtshauses, das den Bedürfnissen eines so großen Bezirkes (zu dem damals auch noch der heutige 14. Bezirk gehörte) entsprach. Schließlich gelang es, das Gelände des ehemaligen Betriebsbahnhofes der Dampftramway Hietzing—Mauer am Hietzinger Kai gegen heftige Widerstände von Bau- und Grundstücksspekulanten, die diesen wertvollen Bauplatz für ihre Geschäfte haben wollten, für den Bau des Amtshauses zu sichern.

1912 wurde mit dem Bau begonnen, am 12. Jänner 1914 wurde das Amtshaus eröffnet. Es ist mit seinem monumentalen, 42,5 Meter hohen Turm zweifellos eines der schönsten Wiener Bezirksamtshäuser. 1945 wurde der Turm von einer Fliegerbombe fast völlig zerstört. In den Jahren 1951—52 erfolgte der Wiederaufbau, gleichzeitig wurde der Festsaal neu gestaltet.

Die vorhandenen Arbeitsräume entsprechen allerdings nicht mehr den gestiegenen Anforderungen. Dazu kommt, daß die Situation im Bezirksgericht Hietzing untragbar geworden ist, und sich das Wohnungsamt und das Standesamt von Hietzing im 14. Bezirk befinden.

Man entschloß sich deshalb zu einem Ausbau des Amtshauses, der 1978 fertiggestellt werden soll. Dann werden auch das Bezirksgericht, das Wohnungsamt und das Standesamt ins Amtshaus übersiedeln können.

Kirchen im 13. Bezirk

Dominikanerinnen-Kirche (Schloßberggasse 17): Kleiner neugotischer Bau, nach Plänen von Richard Jordan 1885 errichtet. Den Grundriß bilden vier aneinandergefügte Sechsecke. 1925 mit Fresken geschmückt. Der heiligen Maria, Königin des Rosenkranzes, geweiht.

Hemmakirche (Wattmanngasse 105, Ecke Fasangartengasse): Noch um die Jahrhundertwende gab es hier vor allem Äcker und Sandgruben, erst in unserem Jahrhundert erfolgte die starke Besiedlung. Die seit 1910 bestehende Anstaltskirche des ehemaligen Militär- und Invalidenhauses erwies sich als viel zu klein. 1955 wurde sie zur Pfarre. Für den notwendigen Neubau wurde der Grund einer Gärtnerei erworben, auf dem nach Plänen des Architekten Erwin Plevan 1960–62 die neue Pfarrkirche errichtet wurde. Ihrer ungewöhnlichen Form wegen wird sie teils anerkennend, teils kritisch »Zelt Gottes« genannt.

Hietzinger Pfarrkirche (Am Platz): Mariä Geburt geweiht. 1253 stand hier schon eine Kapelle, die der Deutsche Orden dem Stift Klosterneuburg im Tauschweg überließ. 1414–19 wurde die Kapelle umgebaut. Sie wurde 1529 von den Türken zerstört, 1536 nur notdürftig restauriert und verfiel immer mehr. Um 1580 war sie eine Ruine. 1587–93 wurde sie von Jakob Vivian wiederhergestellt, 1605 von den Ungarn neuerlich zerstört, 1607 wiederaufgebaut, 1660 barock umgestaltet. Nach der neuerlichen Zerstörung durch die Türken 1683 wurde sie 1685 neu aufgebaut, 1688 mit Deckengemälden versehen und 1698 mit dem Hochaltar von Matthias Steinl ausgestattet. Die Kirche war um diese Zeit ein vielbesuchter Wallfahrtsort. Grund dafür war eine Legende, wonach einige Männer, die während der ersten

Türkenbelagerung 1529 von den Türken an einen Baum vor der Kirche angebunden worden waren, durch Anrufung des Marienbildes der Kirche auf wundersame Weise gerettet wurden (siehe »Sagen aus Hietzing«). 1751 wurde der Hochaltar durch die Einbeziehung einer plastischen Darstellung dieser Legende und des Gnadenbildes umgestaltet. 1690 war die Kirche um die Leopoldskapelle erweitert worden. 1733 wurden die Johann-Nepomuk-Kapelle und das kaiserliche Oratorium errichtet. Maria Theresia besuchte während ihres Aufenthaltes in Schönbrunn täglich die Kirche, die 1786 zur Pfarre erhoben wurde. Die Kaiserin ließ Kreuzweg-Gemälde, die in Nischen der Schönbrunner Mauer untergebracht waren, bei der Umgestaltung dieser Mauer in die Kirche bringen. 1860−64 wurde die Kirche ausgebaut, 1865 mit der Fassadenplastik von Johann Meixner und Andreas Halbig ausgestattet. 1945 wurde die Kirche beschädigt und restauriert. 1953 wurde das Kircheninnere erneuert, 1955 wurden neue Glasfenster eingesetzt.

Hubertus-Kirche (Dr.-Schober-Straße 96): Die dem heiligen Hubertus und dem heiligen Christophorus geweihte Kirche, ein moderner Bruchsteinbau, wurde 1935 inmitten der neuen Siedlungen errichtet. Seit 1939 ist sie Pfarre.

Hummel- oder Malfattikapelle (Fasangartengasse): Kleine neugotische Kapelle, um 1880 gebaut, stand ursprünglich weiter oben am Küniglberg.

Konzilsgedächtniskirche (Lainzer Straße 138): Geweiht dem heiligen Ignatius. In 80 Meter Entfernung von der alten Lainzer Pfarrkirche war hier 1884 eine Haus- und Exerzitienkapelle der Jesuiten gebaut worden. In den fünfziger Jahren erwies sich die alte Pfarrkirche als zu klein. Man entschloß sich, an Stelle der Jesuitenkapelle zugleich mit einem Sozialen Bildungshaus auch eine neue Kirche zu bauen. Nach Plänen des Architekten Josef Lackner wurde die Kirche 1966–68 errichtet und dem Gedenken an das II. Vatikanische Konzil geweiht. Sie beeindruckt von außen durch ihre klare kubische Form und innen durch die Harmonie von Farben und Proportionen. Sie ist zentral auf den Altarbereich orientiert und stellt damit eine architektonisch überzeugende Gestaltung im Sinne der Liturgiereform dar.

Lainzer Pfarrkirche (Lainzer Straße 154): Geweiht der Heiligen Dreifaltigkeit. Die früher vom Friedhof umgebene Kirche wurde 1421–28 erstmals erbaut, 1529 und 1693 verwüstet und wiederaufgebaut, 1736 in der jetzigen Form errichtet, 1783 zur Pfarre erhoben. Vor allem zur Pestzeit war die Kirche ein Wallfahrtsort. Besonders bekannt waren von 1679 bis ins vorige Jahrhundert die alljährliche Prozession der Wiener Münzer und die seit 1703 durchgeführten Palmsonntag-Wallfahrten der Fleischhauer. Die Kirche erhielt 1744 Seitenaltarbilder von Gaetano de Rosa, 1784 eine klassizistische Kanzel und 1853 einen aus älteren Teilen zusammengesetzten Hochaltar. 1809 wurde die Kirche von französischen Soldaten schwer beschädigt, 1829 wiederhergestellt. Die Kirche wird jetzt von der Syrisch-Orthodoxen Christengemeinde mitbenützt.

Nikolaus- oder Eustachius-Kapelle (Lainzer Tiergarten, Nikolaigasse): Die einjochige gotische Kapelle wird bereits 1321 urkundlich erwähnt. 1529 wurde sie zerstört, 1735 wiederhergestellt und dabei teilweise barockisiert. Nach einer Entweihung unter Joseph II. wurde sie 1805 der Pfarre Hütteldorf übertragen. 1945 wurde die Kapelle beschädigt, 1950 wiederhergestellt.

Ober St. Veiter Pfarrkirche (Wolfrathplatz): Dem heiligen Vitus geweiht. Die Kirche wird bereits im 12. Jahrhundert erwähnt, 1433 neu gebaut, 1529 zerstört, erst 1660 wiederhergestellt, 1683 neuerlich zerstört und schließlich 1742 von Matthias Gerl neu gebaut. 1744 erhielt sie Seitenaltarbilder von Gaetano de Rosa, 1745 das Hochaltarbild »Martyrium des hl. Veit« von Fra Augustinus a San Luca. Aus dem 18. Jahrhundert sind auch das barocke Kruzifix am ersten Altar links und die Kanzel.

Pallottihaus (Auhofstraße 10): 1924 kamen die »Pallottiner« (Gesellschaft des Katholischen Apostolates, vom hl. Vinzenz 1835 gegründet) nach Österreich. 1949 erwarben sie das Objekt in der Auhofstraße als Bildungs- und Exerzitienhaus. Im September 1958 wurde begonnen, das baufällige Haus zu sanieren, auszubauen und die Kapelle durch eine öffentlich zugängliche Kirche zu ersetzen. Die Pläne sind von Architekt Robert Kramreiter. Die Kirche wurde 1960 der »Königin der Apostel« geweiht. 1966–69 wurde der Altarraum nach den neuen liturgischen Richtlinien umgebaut. Die Glasfenster sind von den Architekten Robert Kramreiter und Hans Zeiler.

Unter St. Veiter Pfarrkirche (Wittegasse 4): Geweiht der Verklärung Christi. Seit 1842 hing auf einem Holzgerüst in der Kirchengasse, der heutigen St.-Veit-Gasse, eine Glocke, die dreimal täglich zum Gebet rief. 1860 wurde zum Dank dafür, daß bei einem Großfeuer nur dreizehn Häuser und nicht der ganze Ort ausbrannten, der Bau der Kirche beschlossen. 1862 wurde sie fertig, aber wegen der Kriegswirren erst 1866 geweiht. 1940 wurde sie zur Expositur erhoben, aber sie war zu diesem Zeitpunkt schon viel zu klein. 1965 wurde der Bau abgerissen, 1966–72 der Neubau errichtet. 1968 wurde die Expositur zur selbständigen Pfarre erhoben. Das barocke Hochaltarbild »Heilige Maria vom Berg Karmel«, von Franz Kraus 1751 gemalt, und das barocke Kruzifix befanden sich ursprünglich in der alten Laimgruben-Kirche in der Mariahilfer Straße, die 1907 abgerissen und durch einen Neubau in der Windmühlgasse ersetzt wurde. Das Altarfresko ist von Prof. Sepp Mayrhuber, drei Statuen aus der alten Kirche wurden im Zugang aufgestellt.

Versorgungsheim-Kirche (Versorgungsheim-Platz): Der romanisierende Bau wurde mit dem Pflegeheim der Stadt Wien in den Jahren 1902–04 nach Plänen von Johann Scheiringer errichtet. Das Hochaltarbild ist von Hans Zatzka.

Zum guten Hirten (Bossigasse 68–70): 1937 wurde hier in einem Holzhaus, das sich der Priester Prof. Maximilian Hofbauer als Wohnhaus errichten ließ, eine Kapelle eingerichtet. Nach seinem Tod im Jahre 1949 übernahm die Erzdiözese das Gebäude. Sie überließ es 1958 der Kongregation der Oblaten der Jungfrau Maria, die sich dafür verpflichtete, fünf Patres für die Spitalsseelsorge zur Verfügung zu stellen. 1962–64 wurde die öffentlich zugängliche Kirche in der Bossigasse gebaut. Die Pläne sind von dem Architektenehepaar Ceno und Herta Kosak, die künstlerische Ausgestaltung von Karl Hagenauer. Wegen seiner eigenwilligen Gestaltung wird der Bau von der Bevölkerung »Gottesburg« genannt. Die einstige kleine Hofbauer-Kapelle wurde in der Mitte des Neubaus unverändert als Gedenkstätte erhalten.

Theater in Hietzing

Der Wiener Geschichtsschreiber Matthias Fuhrmann (1690–1773) erwähnt in seiner 1739 erschienenen Chronik »Alt- und Neu-Wien oder dieser Residenzstadt chronologische und historische Beschreibung«, daß es in

Hietzing und Lainz seit alters her ein lebhaftes Schauspielwesen gab, das dem Jahresablauf und den hohen kirchlichen Festen angepaßt war. Das neue Jahr wurde eingesungen, im Fasching gab es rüpelhafte Fastnachtsspiele, zu Ostern Passionsspiele und schließlich ein Weihnachtsspiel. In der Zeit der Hauptarbeit auf den Feldern und in den Weingärten hatte man für solche Spiele keine Zeit.

In der Zeit der Religionskonflikte wurden die Volksschauspiele, die sich stark der Reformation zuneigten, von kaiserlicher und kirchlicher Seite unterbunden. Die Gegenreformation agierte aber nicht nur mit Gewalt und Unterdrückung, sondern auch mit Prunkentfaltung des Barock, zu der auch das Theater gehörte. Es war allerdings nicht mehr vom Volk getragen, sondern von den klösterlichen Schulen.

Im Wiener Raum wurden fast nur die Jesuitendramen aufgeführt. Sie waren anfangs ausschließlich in lateinischer, erst später auch in deutscher Sprache und faszinierten ihr Publikum durch großen Aufwand an Personen, Kostümen, Requisiten und Dekorationen – einem richtigen Spektakel, das Auge und Ohr viel bot. Die Aufführungen, die zu Mittag begannen, dauerten bis zum Abend.

Hietzing bot davon eine Ausnahme, nämlich das einzige Benediktinerdrama in Wien. Die Benediktiner legten auf Prunk und Glanz, aber auch auf literarische Qualität weniger Wert. Sie wandten sich nicht an das gebildete Publikum, das einem lateinischen Text halbwegs folgen konnte, sondern bemühten sich um ein größeres Publikum, dem sie religiöses Gedankengut in schlichter Form boten.

SCHÖNBRUNNER SCHLOSSTHEATER

Parallel dazu entwickelte sich ein kunstvolles, höfisches Theater, das in Italien und Frankreich seine Hochblüte erlebte und in Wien im Schönbrunner Schloßtheater seine erste Heimstätte fand. Die theaterfreundliche Maria Theresia ließ es 1744–49 erbauen. Am 28. August 1749 wurde es mit einem französischen Lustspiel eröffnet.

Gastspiele des Burgtheaters und ausländischer Truppen fanden vor allem im Sommer häufig statt, wobei bis zur Umwandlung des Burgtheaters durch Joseph II. in ein »deutsches Nationaltheater« die Vorführungen in französischer Sprache überwogen. Daneben wurden italienische Opern aufgeführt. Öfter standen aber auch die Kinder der kaiserlichen Familie und Angehörige des Hochadels auf der Bühne, sangen, tanzten und stellten lebende Bilder.

Als Napoleon, der das Theater liebte, 1809 nach der Besetzung Wiens in Schönbrunn sein Hauptquartier einrichtete, ließ er das Theater renovieren und am 31. Juli mit Racines »Phädra« in der Übersetzung von Schiller wiedereröffnen. Bis 15. Oktober gab es wöchentlich mindestens zwei Vorstellungen, zu denen nicht nur die hohen Offiziere Napoleons, sondern auch Adelige, Geistliche und Bürger aus Wien zugelassen wurden.

Die Darsteller der »Phädra«, durchweg vom Hofburgtheater, wurden von Napoleon, der die Aufführung mit dem französischen Textbuch in der Hand verfolgt hatte, fürstlich belohnt. Er scheint aber doch nicht sehr zufrieden gewesen zu sein, denn in der Folge wurden fast nur mehr musikalische Werke aufgeführt. In der Regel begann der Abend mit einer italienischen Oper oder einem deutschen Singspiel, die auf etwa eine Stunde

Dauer gekürzt wurden. Nach einer Pause, in der den Besuchern ein Gratis-Buffet zur Verfügung stand, folgte noch ein Ballett. Italienische Werke überwogen bei weitem, berühmte Sänger und Tänzer wurden dafür aus Mailand geholt.

Napoleon konnte leicht verschwenderisch und zu den Theaterbesuchern großzügig sein: Die Kosten mußte das besiegte Österreich tragen.

Nach dieser Glanzzeit stand das Theater wieder nur dem engsten Kreis um die kaiserliche Familie zur Verfügung. Der Herzog von Reichstadt hat hier oft Racine und Corneille in französischer Sprache rezitiert. Während des Wiener Kongresses traten die Sänger des Kärntnertortheaters vor einem Publikum von Kaisern, Königen und Fürsten auf.

Das Theater wurde dann nur mehr selten bespielt, vor allem zu Wohltätigkeitszwecken, wobei es auch öffentliche Vorstellungen von Dilettantengruppen gab. Außerdem gab es Galavorstellungen für ausländische Gäste, zum Beispiel am 19. Oktober 1873 für Kaiser Wilhelm I. und Fürst Bismarck.

1919 wurde das Schönbrunner Schloßtheater dem Burgtheater übergeben, um dessen Wunsch nach einer zweiten Bühne zu entsprechen. Im Burgtheater war man damit jedoch nicht sehr glücklich, weil das Haus nicht beheizt und deshalb nur im Sommer bespielt werden konnte. Als das Burgtheater 1922 das Akademietheater als zweite Bühne erhalten konnte, verzichtete es auf das Theater in Schönbrunn.

Nach der Gründung des Max-Reinhardt-Seminars wurde das Schönbrunner Schloßtheater den Schauspielschülern für Aufführungen vor Publikum zur Verfügung gestellt. Neben fallweisen Gastspielen und Konzerten dient es seither überwiegend diesem Zweck.

DAS HIETZINGER THEATER

In einem bevorzugten Sommerfrischeort mußte natürlich auch ein allgemeines Theater entstehen. Zunächst wurde auf einem überdachten Podium gespielt, vor dem die Zuschauer auf einfachen Bänken im Freien saßen. Nachgewiesen sind solche Vorstellungen ab 1776. Man spielte vor allem Hanswurst-Komödien, aber auch ernste Stücke, sogar Shakespeares »Hamlet«. Es bestand enger Kontakt mit den Theatern in Meidling und Penzing, meist spielten abwechselnd die gleichen Truppen.

1816 erhielt Bartholomäus Malanotti durch ein Regierungsdekret die Erlaubnis, in Hietzing ein festes Theater zu bauen. Josef Georg Kornhäusel – der unter anderem den »Kornhäusel-Turm« in der Seitenstettengasse im 1. Bezirk, das Theater in Baden und den Husarentempel auf dem Anninger gebaut hat, errichtete das Gebäude in der Trauttmansdorffgasse (heute Bezirksgericht).

Aufzeichnungen über Theatervorstellungen existieren bis ins Jahr 1847. Da es keine Heizung gab, wurde auch im festen Theatergebäude nur im Sommer gespielt. Häufig gastierten hier Schauspieler des Theaters in der Josefstadt, 1817 spielte auch Ferdinand Raimund mehrmals in Hietzing, dazwischen traten verschiedene Wandertruppen auf und vor allem in den letzten Jahren auch ortsansässige Dilettanten. Possen beherrschten den Spielplan, daneben gab es aber auch Stücke von Raimund (»Der Diamant des Geisterkönigs« 1827, »Der Alpenkönig und der Menschenfeind« 1832), Adolf Bäuerles »Die Bürger in Wien« 1845, Emanuel Schikaneders »Der Vetter Michel aus dem Ratzenstadl oder Die große Reise von Wien über Traiskirchen nach Wiener Neustadt« und August Kotzebues »Die Zerstreuten« 1847, sogar Friedrich Schillers »Die Räuber« 1830. Adolf Bäuerle nennt in seiner »Theaterzeitung« am 28. Juni 1827 das Hietzinger Theater unter den wichtigen Bühnen in der Umgebung Wiens und lobt: »Mit vieler Abwechslung werden hier die Vorstellungen gegeben.« Für Franz Grillparzer scheint hingegen das Hietzinger Theater ein Inbegriff schlechten Theaters gewesen zu sein, denn in seinem »Tagebuch auf der Reise nach Griechenland« urteilt er am 31. August 1843 über einen Theaterbesuch in Budapest abfällig: »Gespielt wie in Hietzing oder Baden.«

SPEISINGER SOMMERTHEATER

Länger bestand in der Fehlingergasse 5 das Speisinger Sommertheater, ein fast nur von Dilettanten bespieltes Freilichttheater.
Die große Wiener Volksschauspielerin Hansi Niese – die 1880 bis 1892 im Haus Speisinger Straße 28 gewohnt hat – trat am 7. August 1887 im Speisinger Sommertheater zum ersten Mal auf. Hansi Niese, geboren 1875, gestorben 1934, feierte später an verschiedenen Wiener Bühnen, im Ausland und im Film große Triumphe, ein Denkmal neben dem Volkstheater erinnert an sie.
Über die Anfänge des Speisinger Theaters ist nichts bekannt. Da jedoch 1874 das 50jährige Bestehen gefeiert wurde, müßte es 1824 gegründet worden sein.
Erst aus den letzten Jahren existiert ein Verzeichnis der aufgeführten Stücke. Jedes Jahr wurde »Der Schneider von Speising oder Der Vetter aus der Steiermark« aufgeführt. Die letzten Vorstellungen im Jahre 1893 waren »Der letzte Nationalgardist« am 24. Juli, »Ein Rausch im Dachstübchen« am 31. Juli, »Das Gebet am Friedhof

oder Am Allerseelentag« am 20. August, »Herrgott-schnitzer von Amergau« am 27. August, Schillers »Die Räuber« am 9. September und »Mein Leopold« am 11. September.

THEATER IN OBER ST. VEIT

Um 1890 gründeten junge Ober St. Veiter den Theater-verein »Edelweiß«. Da der Direktor des Volkstheaters Bukowics in der Veitlissengasse eine Villa bewohnte, versuchten die Theaterenthusiasten, ihn zum Besuch einer Vorstellung zu bewegen. Er kam tatsächlich mit seinen drei Söhnen und war von einem Darsteller be-eindruckt, von Karl Jäger. Er engagierte ihn an sein Theater. Jäger hielt später Dichterlesungen, vor allem in steirischer Mundart, an Volksbildungshäusern und wurde schließlich Direktor der Wiener Urania, bis ihn die Nationalsozialisten 1938 zwangsweise pensio-nierten.

Die Tradition des Laienschauspiels blieb in Ober St. Veit bis in die Gegenwart lebendig. Beweis dafür sind die Aufführungen der Gruppe »Dilettanten« im Barockhof des Schlosses am Wolfrathplatz.

Dommayer, »Neue Welt«, Gaststätten

Der Aufschwung Hietzings zur noblen Sommerfrische und zum Villenort hatte auch die Gründung zahlreicher Gaststätten zur Folge. Die eleganteste war »Dommayers Kasino«, die spektakulärste die »Neue Welt«.

»DOMMAYERS KASINO«

Auf der Wiese gegenüber dem Kaiserstöckl und gegenüber der Hietzinger Pfarrkirche baute ein Kellner namens Dick im Jahre 1787 ein Kaffeehaus. Es war ein guter Platz – bei der Kirche, die der wichtigste Treffpunkt war, und neben dem Schloß Schönbrunn, das ein frequentiertes Ausflugsziel war. Ab 1815 war in unmittelbarer Nähe, beim Gemeindewirtshaus neben der Kirche, die Endstation des aus Wien kommenden Zeiselwagens.

1817 kaufte der Hietzinger Wirt Reiter das Kaffeehaus und baute ein Gasthaus dazu. 1823 übergab er den Besitz seinem Schwiegersohn Ferdinand Dommayer, der 23 Jahre alt und gelernter Kammacher war. Binnen neun Jahren kaufte Dommayer die benachbarten kleinen Häuser auf, ließ sie abreißen und von dem liechtensteinischen Baudirektor Josef Leistler den für damalige Zeiten prunkvollen Bau von »Dommayers Kasino« errichten.

Mit der Bezeichnung »Kasino« hatte er einen aus Italien stammenden Begriff übernommen, der bald zum Wiener Modewort für derartige Lokale wurde. Man verstand darunter Kombinationen von Gaststätten und Kaffeehäusern, in denen es auch Zeitungen und erlaubte Spiele gab, mit Tanz- und Konzertsälen. Kasinos wurden vom Adel, von Offizieren, höheren Beamten und reichen Bürgern frequentiert. Sie öffneten in der Regel um 8 Uhr früh und durften in der Nacht offenhalten, solange Gäste anwesend waren.

Schon während des Baus gab es mehrmals Reunionen (Tanzveranstaltungen), bei denen Johann Strauß Vater mit seinem Orchester aufspielte. Glanzvoll war die offizielle Eröffnung am 24. Juni 1833.

Ein Jahr später, am 28. Juni 1834, berichtete Bäuerles »Theaterzeitung«:

»Vorgestern erfreuten sich die Bewohner Wiens eines der schönsten Feste, dergleichen seit Jahren hier und in den Umgebungen begangen wurde; der unvergleichliche Strauß veranstaltete nämlich in Dommayers Kasino in Hietzing die für den 24. d. M. angekündigte, aber wegen eingetretener Umstände auf den 26. verschobene Garten- und Salonfeier unter dem Titel ›Nächtliches Sommerfest‹. Der Titel entsprach vollkommen den Erwartungen; durch eine goldene, durch unzählige Flammen beleuchtete Sonne, durch eine glänzende, überaus splendide Beleuchtung wurden die Nacht in den hellsten Tag und die wunderschönen Säle in einen wahren Feenpalast aus ›Tausendundeine Nacht‹ verwandelt. Das überaus gewählte, im schönsten Frühlingsputz versammelte Publikum, aus welchem viele Damen ebenfalls wie Sonnen strahlten, war so reich herbeigeströmt, daß der Raum um das dreifache hätte erweitert werden müssen, um alle bequem aufzunehmen. Eine unabsehbare Reihe schöner Equipagen umwogte das Äußere und so ward auch von Seite der Besucher alles getan, diese prachtvolle Abendunterhaltung auf das anziehendste zu unterstützen. Nach zehn Uhr wurde ein schönes Feuerwerk abgebrannt, das mit seinen roten, grünen und weißen Lichtern die mannigfaltigste Augenweide bereitete. Nach diesem erklangen Strauß' neueste Walzer, Elisabethen Walzer genannt, welche sich eines rauschenden Beifalls erfreuten und am Schlusse mit stürmischem Applaus begleitet wurden. Daß im großen Saale kaum soviel Platz war, um tanzen zu können, geht schon aus dem Umstande hervor, daß viele Enthusiasten nicht einmal soviel Raum fanden, um ihre Hände zum Lobe des verdienstlichen

Kapellmeisters klatschend aneinander zu schlagen. Sie begnügten sich also, stürmisch Bravo! zu rufen und auf diese Weise dem Unerschöpflichen Anerkennung zu spenden. Auch die im Garten durch das Orchester des rühmlich bekannten Kapellmeisters Nemetz vorgetragene Harmoniemusik trug nicht wenig zum Vergnügen der Anwesenden bei. Dommayer, von dem bekannt, daß seine Küche eine der besten in Wien ist, überraschte durch genaue Anordnung und präzise Bedienung. Sein Tarif enthält stets das Neueste und Beste, was die Jahreszeit bietet; alles ist geschmackvoll und gewählt und ihn könnten manche Wirte in Wien zum Muster nehmen, die sonst nichts zu bieten wissen als Backhendel und Pomeranzsalat mit eingesottenen Zwetschken, welches sie für Kompott ausgeben.«

Zehn Jahre später wurde folgender Text plakatiert: »Einladung zur Soirée dansante, welche Dienstag, am 15. Oktober 1844, selbst bei ungünstiger Witterung in Dommayers Kasino in Hietzing stattfinden wird. Johann Strauß (Sohn) wird die Ehre haben, zum ersten Male sein eigenes Orchesterpersonale zu dirigieren und nebst verschiedenen Ouvertüren und Opernpiecen auch mehrere seiner eigenen Kompositionen vorzutragen.«

Es war das erste öffentliche Auftreten des Walzerkönigs – und es war gleich ein sensationeller Erfolg. Der Vater, der gefeiert worden war wie vor ihm kein anderer Musiker und der den Sohn für unmusikalisch gehalten und ihm doshalb zu oinom andoron Beruf geraten hatte, erlebte dann noch fünf Jahre lang, wie der Erfolg des Sohnes seinen eigenen überstrahlte.

Nicht nur die Mitglieder der Dynastie Strauß dirigierten oft beim Dommayer, sondern auch Joseph Lanner, der hier seinen Walzer »Die Schönbrunner« zum ersten Mal

154

spielte und am 22. März 1843 sein letztes Konzert gab (er starb am 14. April 1843).

1858 starb Ferdinand Dommayer. Er erlebte es nicht mehr, wie Hietzings Bedeutung als Ausflugsziel und Sommerfrischenort im Eisenbahnzeitalter zurückging und damit auch sein Kasino Publikum verlor. Sein Sohn Franz sah sich immer größeren Schwierigkeiten gegenüber, das riesige Unternehmen erfolgreich weiterzuführen. Es wurde bereits davon gesprochen, die Anlage abzureißen und den Grund für Villenbauten zu parzellieren.

Im Jahre 1899, ein Jahr vor seinem Tod, verkaufte Franz Dommayer das Kasino an Paul Hopfner, der sich entschieden gegen die Parzellierungspläne wandte und eine Möglichkeit suchte, eine repräsentative Gestaltung dieses markanten Platzes zu sichern.

Das Kasino war allerdings nicht mehr zu halten. Am 3. Februar 1907 fand die Abschiedsveranstaltung statt. Die Gebäude wurden demoliert und ein prächtiger Neubau errichtet, der schon 1908 eröffnet werden konnte – das Parkhotel Schönbrunn. Die für damalige Zeiten enorme Summe von 3 Millionen Gulden war investiert worden.

Im Erdgeschoß waren ein Ball- und Konzertsaal, Restaurant, Kaffeehaus und Gesellschaftsräume untergebracht, in den Obergeschossen die Fremdenzimmer. Sie waren auf eine damals völlig neue Art konzipiert: zwischen den Zimmern und den Gängen wurden Vorräume und Badezimmer angelegt.

Das Hotel wurde nach dem Zweiten Weltkrieg von der britischen Besatzungsmacht benützt und nach der Rückstellung an die Besitzer renoviert und modernisiert.

»NEUE WELT«

Im Bereich zwischen Hietzinger Hauptstraße, Lainzer Straße und St.-Veit-Gasse befand sich um die Mitte des vorigen Jahrhunderts einer der größten Herrschaftssitze von Hietzing. Er gehörte der Bankiersfamilie Pereira. Freiherr Heinrich von Pereira (1773–1835) stammte von altem portugiesischem Adel ab. Er war selbst Bankier und heiratete in Wien Henriette Arnstein, die Tochter einer Bankiersfamilie. Sein Schwiegervater adoptierte ihn und machte ihn damit zum Österreicher. Das Bankhaus Pereira-Arnstein spielte im Vormärz eine große Rolle und wirkte bei der Finanzierung von Staatsanleihen führend mit. Außer dem Besitz in Hietzing besaß die Familie Pereira auch ein Stadtpalais, Weihburggasse 4. Der Sohn von Heinrich und Henriette, Ludwig Pereira (1803–1858) vereinigte das riesige Vermögen seines Vaters und seines Großvaters in seiner Hand, er war einer der reichsten Männer der österreichisch-ungarischen Monarchie. Er war jedoch nicht so erfolgreich wie seine Vorfahren, kurz nach seinem Tod ging das Bankhaus in Konkurs.

Der Herrschaftssitz in Hietzing mußte verkauft werden. Als Käufer konnte ein Mann auftreten, der erst 1833 als damals 24jähriger Wandersbursch aus Karlsruhe nach Wien gekommen war, Karl Schwender (1809–1866). Schwender, ein gelernter Kellner, war 1833–1835 im »Paradeisgartel«, einem ungemein beliebten Kaffeehaus mit großem Garten im Bereich des heutigen Burgtheaters und des Volksgartens, als Markör (Zahlkellner) beschäftigt.

Er kam erstmals 1835 mit der Familie Pereira in Kontakt. Die Pereiras besaßen damals nämlich ein Palais im Bereich Mariahilfer Straße–Schwendergasse, das sie wegen der in der Umgebung wachsenden Arbeiterwohnviertel verkaufen wollten. Der erste Schritt dazu war, daß Schwender den großen Kuhstall, der zum Palais gehörte, zuerst pachtete und dann kaufte und ein Kaffeehaus daraus machte. Er konnte es bald zu »Schwenders Vergnügungsetablissement« ausbauen, dem erfolgreichsten und beliebtesten Wiener Lokal jener Zeit. Das Pereira-Palais wurde abgerissen, der Grund parzelliert, wobei Schwender einen Teil der Gründe kaufte, um sein Etablissement auszubauen und auch ein Theater einzurichten. Das Etablissement bestand bis 1898, heute befinden sich an seiner Stelle ein 1976 eröffnetes Haus der Begegnung, ein Jugendzentrum und mehrere Wohnhäuser.

Als das Bankhaus Pereira Konkurs machte, wurde der Besitz in Hietzing versteigert. Schwender kaufte einen Großteil des ausgedehnten Geländes und errichtete sein zweites Vergnügungsetablissement, das für den Sommerbetrieb bestimmt war und den Namen »Neue Welt« erhielt. Die Anlage war eine Sensation für Wien. Man betrat sie durch ein Eisenportal mit der in Gold gehaltenen Aufschrift »Neue Welt«. Zwischen den beiden Worten war die westliche Erdhalbkugel, also Nord- und Südamerika, dargestellt.

Durch einen »Heiligen Hain« gelangte man zum Pereira-Schloß, in dem Schwender Restaurationsräume und ein Varietétheater einrichten ließ. Auf den Terrassen des Schlosses fanden 10 000 Besucher an Tischen Platz.

Besondere Bewunderung erregte die gärtnerische Gestaltung des Parks. Um das Schloß lagen ausgedehnte Tulpen- und Hyazinthen-Beete. Dazwischen waren Hunderte Glastulpen angebracht, die in der Nacht mit winzigen Gasflammen erleuchtet wurden. Gegen Lainz zu gab es große Glashäuser mit Orangenbäumchen und Tausenden Kamelienstöcken. Der »Kamelienflor« zog besonders viele Besucher an. Gegen St. Veit hin gab es einen »englischen Garten«, also eine eher naturbelassene Landschaft mit einer großen Wiese, auf der sich eine Tanzfläche befand. Daran schlossen sich ein »Feuerwerksplatz« und schließlich eine Freilichtarena mit 1000 Plätzen.

Später ließ Schwender noch die »Alhambra« bauen (Alhambra = »Die Rote« im Sinn von »Rote Festung«, maurischer Festungsbau in Granada). In diesem Holzbau im maurischen Stil befand sich ein Sommervarieté. Die prominentesten Künstler und Artisten traten in der »Neuen Welt« auf. Johann, Josef und Eduard Strauß spielten hier mit ihren Kapellen. Höhepunkt der meisten Feste, die hier stattfanden, waren die Feuerwerke; der in Wien ungemein populäre Anton Stuwer brannte hier 1879 sein letztes großes Feuerwerk ab. Aber auch der Wiener Männgergesangsverein und andere der um diese Zeit sehr populären Gesangsvereine präsentierten in der »Alhambra« ihre »Liedertafel« genannten Konzerte.

1880 trat in der »Neuen Welt« der französische Seiltänzer Blondin auf, der durch die Überquerung der Niagarafälle auf einem Hochseil weltberühmt geworden war. Er querte das Seil mit einem Sack über dem Kopf, mit einem Mann auf dem Rücken und auf einem Fahrrad. Sein Auftreten war ebenso ein gewaltiger Erfolg wie das seines größten Konkurrenten, des Amerikaners Thompson.

Der Hietzinger Glasermeister und Feuerwehrhauptmann-Stellvertreter Josef Brunner war überzeugt davon, daß er diese Kunststücke auch könne. Als ihn seine Freunde deshalb verspotteten, produzierte er sich am

25. August 1880 ohne Training im Penzinger Gemeindewirtshaus als Seiltänzer und machte alles nach, was
Blondin und Thompson vorgezeigt hatten. Er wurde
prompt für die »Neue Welt« engagiert – und war über
Nacht einer der populärsten Männer von Wien, über den
die Zeitungen ausführlich berichteten.

Noch sensationeller war allerdings die Ballonfahrt, die
der Franzose Eugen Godard mit Unterstützung seines
17jährigen Sohnes und in Begleitung dreier Wiener unternahm. Godard war schon 1853 in Wien gewesen und
hatte Ballonfahrten vom Garten des Sophienbades auf
der Landstraße unternommen. Über sein neuerliches
Auftreten im Jahre 1881 berichtete einer der Passagiere, Julius Konried, aus der Erinnerung am 15. April 1924
im »Neuen Wiener Tagblatt«:

»Die Wiener erwarteten das Wiedererscheinen Godards
mit größter Spannung. Er brachte einen Riesenballon
ganz neuer Konstruktion mit, welcher den Namen ›Le
nouveau Monde‹ (›Die Neue Welt‹) führte. Für Sonntag,
den 21. August, 6 Uhr abends war Godards erster Auf-
stieg von dem bekannten Vergnügungsetablissement
»Neue Welt« in Hietzing angekündigt. Zur bezeichneten
Stunde hatten sich im großen Park der »Neuen Welt«
weit mehr als 500 Zuschauer versammelt, um Zeugen des
interessanten Ereignisses zu sein. Knapp vor 6 Uhr
stand das mit 1000 m³ Gas gefüllte Ungeheuer, das die
Bäume des Parks zu überragen schien, mächtig aufge-
richtet vor uns. Der Ballon bestand aus chinesischem,
mit Öl getränktem, so starkem Seidenstoff, daß ihn
menschliche Kraft nicht zu zerreißen und er selbst ele-
mentaren Gewalten Widerstand zu leisten vermochte.
In großer Erregung beobachteten die Zuschauer, die
dicht gedrängt innerhalb des durch schwere Seile ab-
gegrenzten Füllungsraumes standen, das Wachsen des

Ballons. Als alle Vorbereitungen beendet waren, stieg der junge Godard ins Takelwerk, um den Gasschlauch abzuschneiden. Außer Godard sen. stiegen drei Passagiere in die Gondel. Godard gab den Leuten, die den Ballon festhielten, das Zeichen, diesen loszulassen, der Ballon hob sich und stieg unter dem stürmischen Applaus und unter dröhnenden Hochrufen der Menge stolz und majestätisch empor. Unsere Fahrt gestaltete sich zunächst recht günstig, wir schlugen westliche Richtung ein, glitten sanft dahin und bald umfing uns das Gefühl völliger Sicherheit. Dreißig Minuten nach unserer Abfahrt, in einer Höhe von 850 m, trat indes rapid eine bedenkliche Wendung ein. Schwarzblaue Wolken verhüllen den Himmel, mitten durch diesen zieht ein feuerrotes Band, allmählich wird das Grollen des Donners vernehmlich und in mächtigen Zickzacklinien zeichnen sich Blitze auf dem düsteren Hintergrunde ab. Godard wirft einen Sack Ballast aus, damit wir höher steigen und aus der Gewitterregion kommen. Mehr als eine Stunde sind wir schon in den Lüften, der Registrierapparat zeigt 1400 m, von drei Seiten ist der ›Nouveau monde‹ durch Blitz und Donner bedroht, Godard erklärt, er müsse, um der Gefahr eines Blitzschlages zu entgehen, so rasch als möglich landen. Da treibt uns ein verhängnisvoller Windstoß in die Nähe von Klosterneuburg, der Donau zu. Aller Ballast war bereits ausgeworfen, der Ballon sinkt rapid und Godard ruft uns von der Takelage aus zu: ›Messieurs, nous irons dans le Danube! Un de nous est de trop!‹ (›Meine Herren, wir fallen in die Donau! Einer von uns ist zuviel!‹). Also der Ballon ist überlastet. Doch ehe wir uns noch über diese ungemütliche Perspektive im klaren sind, führt Godard ein geschicktes Manöver aus, einen letzten Versuch: Er schneidet mit einem breiten Messer das schwere Ankerseil durch, läßt es hinabfliegen, der Ballon wird merklich leichter, hebt sich und ein neuer Windstoß treibt ihn von der Donau weg der Stiftsau zwischen Kritzendorf und Klosterneuburg zu. Dort landen wir nach anderthalbstündiger Fahrt und nachdem unsere Gondel noch ein Dutzend Bäume niedergedrückt, mit Hilfe der aus der Klosterneuburger Kaserne herbeigeeilten Pioniere, wie durch ein Wunder unversehrt und lediglich durch Godards immense Geistesgegenwart und Geschicklichkeit gerettet.«

Aber nicht nur bei solchen Ereignissen gab es in der »Neuen Welt« Tausende Besucher. Im Sommer gab es fast jeden Abend irgendein Fest, eine Liedertafel oder eine Varietévorstellung. Jeden Sonntag vormittag spielte eine Militärmusikkapelle. Besonders erfolgreich waren die Annenfeste, zu denen jeweils 5000 bis 6000 Besucher kamen.

Karl Schwender, der vom Kellner zum größten Wiener Vergnügungsunternehmer aufgestiegen war, starb 1866 im Alter von 57 Jahren. Sein Sohn führte das Etablissement weiter. Aber die Zeiten änderten sich, die Beliebtheit der riesigen Vergnügungsstätten ging zurück.

Die »Neue Welt« war davon ebenso betroffen wie »der Schwender« oder »Dommayers Kasino«.

Schwenders Sohn führte die Anlage unter größten Schwierigkeiten noch bis zu seinem Tod 1883. Dann wurde die »Neue Welt«, die schon in desolatem Zustand war, abgerissen und das Gelände parzelliert, verkauft und verbaut.

Letzter Abglanz einstigen Varietéglanzes war eine Wandertruppe, die beim Haupteingang der »Neuen Welt«, am Beginn des verwilderten Parks, eine Bretterbude und ihre Wagen aufstellte und einige Jahre hindurch täglich Vorstellungen für ein anspruchsloses Publikum bot.

ANDERE GASTSTÄTTEN

Unter den vielen anderen alten Hietzinger Gaststätten hat eine besondere lokalhistorische Bedeutung: »Zum weißen Engel« am Hietzinger Platz. Franz Schubert soll mit seinen Freunden hier häufiger Gast gewesen sein. Auch Raimund kam mit seiner Lebensgefährtin Toni Wagner, deren Eltern eine Heirat mit dem Schauspieler verhindert hatten, öfter in dieses Lokal. Im »Weißen Engel« gab Joseph Lanner sein erstes Konzert in Hietzing, später konzertierten hier Johann Strauß Sohn und Franz v. Suppé. Johann Strauß schenkte dem Sohn des Engelwirtes, Bauer, eine goldene Uhr.

Auch St. Veit hat bekannte alte Gaststätten. An erster Stelle ist dabei das Ober St. Veiter Kasino zu nennen, der Sitz des Ober St. Veiter Männergesangsvereins. Urzelle dieses Vereins war ein Quartett, zu dem sich Anfang 1870 auf Initiative des 19jährigen Lehrers Franz Lauer mit diesem Josef Unger, Edmund Bormann und Raimund Rainer zusammengefunden hatten. Sie probten in Eisenbauers Gasthaus im sogenannten »Zigeunerdörfl« an der Wien, dem ärmsten Teil von Ober St. Veit, wo man einst versucht hatte, Zigeuner seßhaft zu machen. Da sich auch andere Interessenten für den gemeinsamen Gesang fanden, wurde am 3. April 1870 im Ober St. Veiter Kasino der Männergesangsverein gegründet, dem 40 Männer angehörten. Schon am 27. August 1870 fand die Gründungsliedertafel statt. Der Ober St. Veiter Männergesangsverein zählte zeitweise zu den erfolgreichsten und größten Mitgliedern des Niederösterreichischen Sängerbundes.

Zu den einst beliebten Ausflugslokalen gehörte auch die »Einsiedelei« am Gemeindeberg. Vor mehr als 200 Jahren gab es hier wirklich einen Einsiedler, den Hofbeamten Leopold Zetl, der vom Hofleben genug hatte und sich in die Einsamkeit zurückzog. Er erhielt vom Erzbischof Graf Kollonitsch die Erlaubnis, sich der Einsiedler-Bruderschaft anzuschließen und eine Einsiedelei zu bauen. 1748 war das mit einer Glocke ausgestattete Haus fertig. Zetl nannte sich Arsenius, er lebte von den Früchten des Waldes und von milden Gaben, die ihm Besucher zum Dank für seine frommen Sprüche brachten. Kaiser Joseph II. hob die Einsiedler-Bruderschaft auf. Das Haus diente einige Zeit als Erholungsaufenthalt für rekonvaleszente Priester, dann wurde es verkauft. 1830 wurde aus der frommen Klause ein Wirtshaus, das bei günstigem Wetter von Ausflüglern stark frequentiert war. 1919 wurde es vom III. Orden des hl. Franz von Assisi erworben, der hier ein Rekonvaleszentenheim für Ordensschwestern einrichtete.

Das ORF-Zentrum

Viele Hietzinger und überhaupt viele Wiener sind mit dem massigen Gebäudekomplex auf dem Küniglberg nicht glücklich. Das gilt natürlich vor allem für die Anrainer, die sich durch den Bau selbst und den starken Verkehr belästigt fühlen. Andrerseits haben die Medien Rundfunk und Fernsehen im Leben von heute eine solche Bedeutung gewonnen, daß der Wunsch des ORF nach einem Zentralgebäude mit den notwendigen Arbeitsräumen und in geeigneter Lage nicht negiert werden konnte.

So kam es in den Jahren 1970 bis 1975 zur Errichtung des ORF-Zentrums auf dem Küniglberg. Nach den Plänen von Professor Roland Rainer, der auch die Wiener Stadthalle konzipiert hat, wurden auf einem Areal von 500 000 Quadratmetern rund 70 000 Quadratmeter verbaut. Die Kosten betrugen 1,6 Milliarden Schilling. Auf dem Küniglberg sind alle Zentralstellen des ORF untergebracht, angefangen vom Generalintendanten über die zwei Fernseh- und den Hörfunkintendanten bis zu den technischen und kaufmännischen Direktionen. Hier befinden sich die wichtigsten Produktionsstätten, Lager und Archive, aber auch Räume für Sendungen mit Publikum, vor allem der große Theatersaal. Damit ist auf dem Küniglberg ein Zentrum der politischen, kulturellen und gesellschaftlichen Aktivität für ganz Österreich entstanden. Von hier aus werden täglich Millionen Österreicher mit Informationen, Unterhaltung, Wissen und Meinungen beliefert.

Spitäler im 13. Bezirk

Das größte Hietzinger Spital, eines der wichtigsten von Wien, ist das Krankenhaus Lainz. Es wurde als erstes städtisches Spital in den Jahren 1910 bis 1913 erbaut und hatte damals 991 Betten. Die Gesamtzahl der Betten in Wien stieg damit auf 6640 bei 2 Millionen Einwohnern (heute 25 000 Betten bei 1,6 Millionen Einwohnern).

Es gab 43 Säle mit 12 bis 26 Betten und 63 Zimmer mit 2 bis 6 Betten, wobei die kleinen Zimmer »vorzugsweise zur Aufnahme von Zahlpatienten des Mittelstandes« bestimmt waren. Entsprechend den damaligen Verkehrsverhältnissen wurde eine Garage »zur Unterbrin-

gung von zwei Lastautomobilen und zwei Anhänger-
wagen« gebaut. Eine medizinische Sensation für Wien
war es, als die Stadtverwaltung 1913 für das Lainzer
Krankenhaus 50 Milligramm Radium zur Behandlung
von Krebskranken um 29 462 Kronen kaufte. Für die 991
Betten wurden 130 geistliche Krankenpflegerinnen
eingestellt.
Nach dem Ersten Weltkrieg wurde das Spital erweitert:
Rheumaabteilung 1929, Tuberkulosepavillon 1930,
Sonderabteilung für Stoffwechselerkrankungen 1930,
Sonderabteilung für Strahlentherapie 1931.
Nach dem Zweiten Weltkrieg stand die Modernisierung
im Vordergrund, wobei nicht nur modernste Einrich-
tungen geschaffen, sondern vor allem die großen Säle
durch kleinere Räume ersetzt wurden. Heute gibt es in
Lainz 1569 Betten, die von 231 Ärzten und 560 Pflege-
personen betreut werden.
Im Neurologischen Krankenhaus der Stadt Wien am
Rosenhügel gibt es 330 Betten, 30 Ärzte und 113 Pfle-
gepersonen. Dort befindet sich auch das modernste
Spital Europas für entwicklungsgestörte Kinder, das
1975 eröffnet wurde.
Dazu kommen noch das Orthopädische Spital mit 317
Betten, 20 Ärzten und 60 Pflegepersonen, sowie das
St.-Josef-Krankenhaus mit 165 Betten, 9 Ärzten und 56
Pflegepersonen.

Für ältere Menschen

Im Grenzgebiet der einstigen Ortsgemeinden Lainz und
Ober St. Veit wurde in den Jahren 1902–1904 das Versorgungsheim der Stadt Wien Lainz gebaut. Die Pläne
wurden vom Stadtbauamt unter Leitung des Vizebaudi-

rektors Rudolf Helmreich und des Stadtarchitekten Johann Scheiringer ausgearbeitet. Die im Pavillonsystem erbaute Anstalt umfaßt 31 Gebäude, die mit einer 4 km langen Straße miteinander verbunden sind. Im Mittelpunkt der Anlage steht eine Kolossalbüste Kaiser Franz Josephs, 1906 wurde außerdem ein Denkmal für Bürgermeister Dr. Karl Lueger aufgestellt.

Das Versorgungsheim, später Altersheim genannt, diente der Unterbringung von alten Menschen, die nicht mehr selbst für sich sorgen konnten. In der Zeit, in der es für Arbeiter noch keine Altersversorgung gab, war dies eine dringend notwendige soziale Maßnahme.

Inzwischen hat sich die Situation geändert. Heute geht es nur mehr in Ausnahmsfällen darum, notleidende alte Menschen zu versorgen. Es geht vielmehr um die Unterbringung und Pflege von Menschen, die aus gesundheitlichen Gründen oder wegen ihres hohen Alters eine ständige Betreuung brauchen. In diesem Sinne wurde die Anlage in Lainz in den letzten zwanzig Jahren weitgehend umgestaltet, sie trägt jetzt den Namen »Pflegeheim Lainz«. Nur mehr zwei Pavillons mit zusammen 255 Betten sind sogenannte Wohnheime, alle anderen Pavillons mit zusammen 3329 Betten dienen der Aufnahme von chronisch Kranken.

Die Pavillons werden systematisch umgebaut und modernisiert, aus den großen Sälen wurden kleine Zimmer. Zuletzt wurde 1976 der mit einem Aufwand von 29 Millionen Schilling völlig umgestaltete Pavillon XIII eröffnet. Für die Unterbringung von nicht pflegebedürftigen älteren Menschen baut die Gemeinde Wien seit 1960 Pensionistenheime. Sie enthalten kleine, selbständige Wohnungen für Ehepaare und für Alleinstehende, die von den Bewohnern mit eigenen Möbeln nach Belieben eingerichtet werden können. Das Frühstück wird gemeinsam eingenommen (was zugleich eine Kontrolle darüber ist, ob alle Heimbewohner gesund sind), die anderen Mahlzeiten werden in die Zimmer geliefert. Die vorhandenen Gemeinschaftseinrichtungen ermöglichen eine durchaus individuelle Lebensgestaltung.

Nachdem 1961 der »Sonnenhof« im 22. Bezirk als erstes Pensionistenheim eröffnet wurde, folgte 1962 als zweites der »Föhrenhof« in der Dr.-Schober-Straße im 13. Bezirk. Es umfaßt derzeit 24 Ehepaar-Wohnungen, 186 Einzelappartements und 26 Betreuungsbetten für vorübergehend Kranke.

Ein zweites Pensionistenheim am Rosenhügel ist im Bau, ein drittes auf den Rohrbachergründen in Planung.

Vom Fiaker zur U-Bahn

Eine Reise von Hietzing nach Wien war noch vor 150 Jahren ein schwieriges und kostspieliges Unternehmen. Die Mehrzahl der Hietzinger konnten einen solchen Weg nur zu Fuß zurücklegen, denn die Miete eines Fiakers kostete für die Hin- und Rückfahrt 52 Gulden, also etwa zwei Monatseinkommen eines Facharbeiters oder Lehrers. Wie sehr Hietzing damals bereits von den Reichen frequentiert wurde, zeigt, daß es schon 1815 einen ständigen Standplatz für Fiaker auf dem Stock-im-Eisen-Platz für die Fahrt nach Hietzing gab.

ZEISELWAGEN

Im gleichen Jahr begann auch der regelmäßige Verkehr mit den »Zeiselwagen«, einem einfachen Holzwagen, der mit einer Plache überspannt war und von einem

Pferd gezogen wurde. Auf den Holzbänken des Wagens fanden bis zu zwölf Personen Platz. Man kann sich vorstellen, wie mühsam eine solche Fahrt war, die von Wien bis Hietzing bis zu drei Stunden dauerte. Viele Fahrgäste trösteten sich über die Mühsal mit Alkohol, weshalb der Zeiselwagen auch »Zwölfgläserwagen« genannt wurde.

Trotzdem fanden diese Zeiselwagen – offiziell Gesellschaftswagen oder auch Omnibus genannt – starken Zuspruch. Fuhren sie anfangs dreimal täglich vom Petersplatz zum Hietzinger Gemeindewirtshaus, so verkehrten sie bald stündlich. Bereits im Jahre 1834 gab es vier stündlich verkehrende Linien: Petersplatz–Hietzinger Gemeindewirtshaus von 7 bis 21 Uhr, Dorotheergasse–Hietzing Am Platz 8 bis 20 Uhr, Neuer Markt–Altgasse 48 von 7 bis 21 Uhr und Weihburggasse–St.-Veiter-Straße 18 von 7.30 bis 20.30 Uhr. Eine Fahrt kostete 10 Kreuzer, also etwas mehr als den Stundenlohn eines Facharbeiters. 1849 wurde auch eine Linie vom Leopoldstädter Theater zur Hietzinger Apotheke eingerichtet, die von 5 Uhr früh bis nach Schluß der Vorstellung verkehrte. Auch auf dieser längeren Strecke kostete eine Fahrt 10 Kreuzer, an Sonn- und Feiertagen allerdings 12 Kreuzer.

STELLWAGEN

Wer mehr Geld hatte, konnte sich einen Lohnkutscher mieten. Das war nicht so vornehm und nicht so bequem wie ein Fiaker, dafür aber auch viel billiger: 5 Gulden pro Tag plus einem Trinkgeld für ordentliche Verpflegung, was etwa 30 Kreuzer ausmachte. Die Fahrt mit der Lohnkutsche vom Stadtzentrum nach Hietzing dauerte etwa eineinhalb Stunden. Es gab auch Lohnkutschen an bestimmten Stellplätzen, die dann Stellwagen genannt und pro Fahrgast bezahlt wurden.

Eine Schilderung der Atmosphäre liefert uns Johann Nestroy in seiner Posse »Eine Wohnung ist zu vermieten in der Stadt, eine Wohnung ist zu verlassen in der Vorstadt, eine Wohnung samt Garten ist zu haben in Hietzing«. Der Rentier (Aktionär) von Gundelhuber fährt mit seiner Familie – Gattin, die Kinder Amalie (20), Heinrich (15), Gabriel (11), Franzi (7), Teli (2), Kindermagd Gertrud – mit einem Stellwagen nach Hietzing, wo er eine Wohnung mieten will. Nach der Ankunft kommt es zu folgendem Gespräch (Nebenhandlung gestrichen):

Herr von Gundelhuber: »Das war eine schöne Bummlerei, sieben Viertelstund' nach Hietzing heraus, das ist doch zu arg.«

Kutscher (im Absteigen): »Ach, warum denn nicht gar, Euer Gnaden?«

Herr von Gundelhuber (im Absteigen): »Drei schwere Fuhrleute und ein Zeiselwagen sind uns vorgefahren.« (Hilft seiner Frau vom Wagen herab, die Buben springen heraus.) »Komm, Gattin, langsam, Buben! Acht geben! Der Heinrich hilft dem Franzl, schau', daß du dir a Läufel brichst, Gabriel! Wart', Mali, wart', laß die Gertrud zuerst mit der Teli.« (Mit seiner Familie vortretend, zahlt den Kutscher.) »Da hast für drei Person'.«

Kutscher: »Ja, wie ist denn das?«

Herr von Gundelhuber: »Na, für mich, für die Frau und für die große Tochter; für'n Dienstboten werd' ich doch nichts zahlen dürfen?«

Kutscher: »Na, etwan nicht? So ein Dienstbot' wägt mehr als zwei gnädige Frauen.«

Herr von Gundelhuber: »Die ist nur wegen der Teli da, und die Teli ist ein Kind, die zahlt nichts, sowenig als die andern Kinder.«

Kutscher: »Was? Für die Schar junger Herrn krieget ich auch nix?«

Herr von Gundelhuber: »Wir haben sie abwechselnd auf der Schoß g'habt, da ist nix zu zahlen dafür, auf der Schoß kann man haben, was man will.«

Kutscher: »Ah, das ist stark. Jetzt zahlen S' noch a Person drauf, sonst müßt' ich zu disputieren anfangen.«

Herr von Gundelhuber: »Ös überhalt's ei'm schändlich. Da, gib mir heraus.« (Gibt ihm einen Zettel.)

Kutscher: »Gleich, Euer Gnaden, ich hab' kein kleins Geld, ich werd' g'schwind wechseln lassen da drin.« (Durch die Seite ab.)

Kutscher (zurückkommend): »So, Euer Gnaden, das kommt heraus, um vier Groschen ist's z'wenig, sie haben nit mehr g'habt drin.«

Herr von Gundelhuber: »Da ist mir aber nit g'holfn damit.«

Kutscher: »Aber mir, ich b'halt's gleich als Trinkgeld. Küß' die Hand.« (Ab.)

Herr von Gundelhuber (ihm nachrufend): »Das kannst du nicht wissen, ob ich dir a Trinkgeld 'geben hätt', ich glaub' wenigstens nicht. Wenn ich mich jetzt ausdrukken wollt', so müßt' ich sagen: der Kerl ist ein Halunk'. Aber was nützt das Reden? 's ist gescheiter, man ist still, denn wenn man über alles reden wollt', da hätt' man viel zu tun.«

PFERDETRAMWAY

Eine Besserung der Situation ergab sich erst im letzten Drittel des vorigen Jahrhunderts. 1865 wurde die erste Wiener Pferdetramwaylinie vom Schottentor nach Hernals in Betrieb genommen. Die fünfte dieser Linien führte ab 18. August 1869 von der Ecke Mariahilfer Straße—Gürtel über die Schloßallee und die Hadikgasse zur jetzigen Kennedybrücke.

Ab 1883 gab es eine Dampftramway, die von der Kennedybrücke über Dommayergasse, Lainzer Straße, Speisinger Straße nach Mauer, Rodaun und Perchtoldsdorf führte. Heute ist es kaum mehr vorstellbar, daß diese lärmende und rußende Dampf-Eisenbahn in den Straßen des eleganten Villenortes akzeptiert wurde, aber damals feierte man Wiens erste Dampftramwaylinie als großen technischen Fortschritt.

1899 wurde die Pferdebahn von der heutigen Kennedybrücke in die Dommayergasse verlängert.

Die Linien wurden damals noch nicht mit Nummern oder Buchstaben gekennzeichnet, sondern mit Tafeln in verschiedenen Formen und Farben. Das Kennzeichen für Hietzing war eine kreisrunde, grüne Tafel.

Die Wiener waren mit den privaten Tramwaygesellschaften äußerst unzufrieden. Es gab immer mehr Beschwerden über die hohen Fahrpreise, die langen Intervalle, die Überfüllung und Verschmutzung der Wagen. Die Gesellschaften ließen sich nur von kommerziellen Überlegungen leiten, sie führten Linien nur in dicht besiedelte Gebiete und ließen die Züge nur in Zeiten ausreichender Frequenz fahren. Auf Veranlassung von Bürgermeister Dr. Karl Lueger wurde 1899 die Kommunalisierung der Straßenbahn eingeleitet, die 1907 abgeschlossen wurde. Zugleich mit der Kommunalisierung wurde auch die Elektrifizierung der vorhandenen Linien begonnen.

Die Hietzinger Strecke wurde 1901 elektrifiziert. Von Anfang an wurden die in der Folgezeit errichteten Linien 62 (ab 1907) und 58 (ab 1908) elektrisch betrieben. Die Dampftramwaylinie von der Kennedybrücke nach Perchtoldsdorf (nunmehr Linie 60 bzw. 360) wurde in drei Etappen 1908 (bis Jagdschloßgasse), 1912 (bis Mauer) und 1921 (bis Perchtoldsdorf und Weiterbau bis Mödling) elektrifiziert.

STADTBAHN

Von besonderer Bedeutung für Hietzing wurde die Stadtbahn. Ihr Bau wurde 1892 beschlossen, 1894 wurde die Streckenführung festgelegt, 1895 bis 1902 erfolgte der Bau nach Plänen von Otto Wagner. Für die Festlegung der Trassen waren nicht die Verkehrsbedürfnisse, sondern die Wünsche des Militärs maßgeblich: Es ging darum, Truppen innerhalb der Stadt und zwischen den Bahnhöfen möglichst rasch transportieren zu können. Deshalb bildet die Stadtbahn einen Ring um die dicht verbauten Gebiete zwischen Gürtel und Donaukanal. Gemeinsam mit Vorortelinie, Verbindungsbahn und Donauuferbahn bildet sie einen zweiten, äußeren Ring, wobei alle Hauptbahnhöfe und die damals bestehenden großen Kasernen miteinander verbunden werden. Bei der Konzeption dachte man nicht nur an Angriffe eines militärischen Gegners, sondern – in Erinnerung an das Revolutionsjahr 1848 und angesichts der erstarkenden Arbeiterbewegung – auch an innere Unruhen.

Dem Drängen der Militärs ist auch die relativ kurze Bauzeit zuzuschreiben. Man holte aus der ganzen österreichisch-ungarischen Monarchie, vor allem aus den ärmsten Gebieten, Arbeitskräfte, die elend bezahlt wurden. Ohne moderne Maschinen, aber mit einem Masseneinsatz menschlicher Arbeitskraft, wie es ihn niemals vorher und nachher in Wien gab, wurde der Bau vorangetrieben.

Die Stadtbahn war eine normale Eisenbahnlinie mit

Dampflokomotiven. Um die Rauch- und Rußentwicklung zu vermindern, wurde nicht, wie auf den Überlandlinien, minderwertige Kohle als Brennstoff verwendet, sondern Koks, aber trotzdem bedeutete dieser Verkehr eine arge Belästigung für die Anrainer.

1923 erklärte sich die Wiener Stadtverwaltung bereit, die Stadtbahn zu übernehmen und zu elektrifizieren. Die Bundesregierung nahm diesen Vorschlag an: die militärischen Überlegungen spielten keine Rolle mehr, am defizitären Verkehrsmittel hatte die Regierung kein Interesse. 1924 wurde der Vertrag unterzeichnet, 1925 wurde der elektrische Betrieb aufgenommen. Der umweltfreundliche Betrieb, ein verbesserter Fahrplan und die Einbeziehung der Stadtbahn in den Straßenbahntarif (statt, wie früher, ein eigener Bahntarif) führten zu einem starken Anstieg der Zahl der Fahrgäste.

KRIEGSSCHÄDEN

Der Zweite Weltkrieg hat den öffentlichen Verkehr schwer beeinträchtigt. Schon kurz nach Kriegsbeginn begann die Einschränkung des Autobusverkehrs, der schließlich 1941 völlig eingestellt wurde. Im März 1944 begannen die Luftangriffe auf Wien, immer wieder wurden Linien der Straßenbahn und der Stadtbahn durch Bombentreffer unterbrochen.

Im April 1945 kam es zum Kampf um Wien. Während die sowjetischen Truppen am 7. April bereits in die westlichen Bezirke Wiens eindrangen, fuhr die vorerst letzte Straßenbahn zum Betriebsbahnhof Speising. In ihr saß der große Volksschauspieler Paul Hörbiger: er war wegen seines Bekenntnisses zu einem freien Österreich von den Nationalsozialisten eingesperrt worden. Wegen des raschen Vormarsches der Sowjettruppen nach

Wien kam es jedoch zu keinem Prozeß mehr gegen ihn, der vermutlich mit dem Todesurteil geendet hätte. Paul Hörbiger wurde am 7. April 1945 aus dem Landesgericht entlassen.

Drei Wochen lang blieb Wien ohne öffentlichen Verkehr (Privatautos gab es schon lange keine mehr). Am 29. April 1945 konnte auf vier Wiener Straßenbahnlinien wieder ein eingeschränkter Verkehr aufgenommen werden. Darunter war die Linie 60.

Ab 27. Mai verkehrte die Stadtbahn wieder zwischen Hietzing und Landstraße, ab 27. Juni auch nach Hütteldorf. Am 18. Juli folgte das Teilstück Landstraße—Friedensbrücke—Michelbeuern, am 30. Juli schließlich die Fortsetzung der Gürtelstrecke bis Meidling. Das letzte Stück, Friedensbrücke—Heiligenstadt—Nußdorfer Straße, war besonders schwer beschädigt und konnte erst am 18. September 1954 in Betrieb genommen werden. Damit war, neun Jahre nach Kriegsende, der Wiederaufbau des öffentlichen Verkehrs in Wien abgeschlossen.

In den letzten zehn Jahren wurden eine Reihe neuer Autobuslinien im 13. Bezirk eingerichtet und private Autobuslinien wurden in den Einheitstarif der Wiener Verkehrsbetriebe einbezogen.

U-BAHN

Nun erfolgt als wesentlicher Schritt zur Verbesserung des öffentlichen Verkehrs in Wien der Bau der U-Bahn, der auch Hietzing berührt.

1968 beschloß der Wiener Gemeinderat den Bau eines U-Bahn-Grundnetzes, das drei Linien umfaßt: U 1 auf der Strecke Reumannplatz (Favoriten)—Stephansplatz—Praterstern, U 2 auf der Strecke Schottenring—Zweierlinie—Schwarzenbergplatz und U 4 auf der bisherigen Wiental- und Donaukanaltrasse der Stadtbahn von Heiligenstadt bis Hütteldorf.

1969 begannen die Arbeiten auf dem Karlsplatz, wo ein dreigeschossiges, unterirdisches Kreuzungsbauwerk errichtet wurde. 1978 wird der U-Bahn-Verkehr auf den Teilstücken Reumannplatz—Karlsplatz und Karlsplatz—Heiligenstadt aufgenommen. Bis 1981 soll der Rest des Grundnetzes fertig sein.

Friedhöfe im 13. Bezirk

HIETZINGER FRIEDHOF

Durch seine Lage am Hang des Küniglberges, seine zahlreichen künstlerisch gestalteten Grabstätten und seine sorgfältige gärtnerische Pflege, zählt der Hietzinger Friedhof zu den eindrucksvollsten von Wien. Er war vor allem im vorigen Jahrhundert der Friedhof der Reichen und Berühmten, die in Hietzing ihre Villen oder ihre Sommerhäuser gehabt hatten.

Der Hietzinger Friedhof wurde im Jahre 1787 geweiht. Er wurde mehrmals erweitert, zuletzt 1922 auf die jetzige Größe von 42 100 Quadratmeter.

Man kann deutlich zwei Teile unterscheiden, den »alten Friedhof« mit Grabstätten aus der Biedermeierzeit, der stiller, bescheidener wirkt – und den »neuen Teil«, der weit aufwendiger gestaltet ist und den Reichtum der Familien, denen die Grabstätten gehören, zum Ausdruck bringt.

1879 wurde hier Franz Grillparzer beigesetzt, nachdem der Währinger Ortsfriedhof, in dem er nach seinem Tod im Jahre 1872 bestattet worden war, aufgelassen wurde. (Der Währinger Ortsfriedhof wurde 1922 zum Schubertpark umgestaltet.) Auf dem Hietzinger Friedhof wurde auch Grillparzers »ewige Braut« Kathi Fröhlich beigesetzt.

Weitere Berühmte, die hier bestattet sind: die Komponisten, Hofkapellmeister und Philharmoniker-Leiter Josef Hellmesberger Vater und Sohn, die Tänzerin Fanny Elßler, die Burgschauspielerin Katharina Schratt, der Komponist Alban Berg, der Architekt Otto Wagner, der Maler Gustav Klimt, der Erfinder Auer von Welsbach, Feldmarschall Conrad von Hötzendorf, die Wiener Bürgermeister Raimund Grübl und Richard Weiskirchner, Mitglieder der Industriellenfamilien Böhler und Mautner-Markhof sowie Bundeskanzler Dr. Engelbert Dollfuß.

Zahlreiche berühmte Künstler, u. a. Viktor Tilgner und Kaspar Zumbusch, haben Grabstätten auf dem Hietzinger Friedhof gestaltet.

LAINZER FRIEDHOF

Auf der anderen Seite des Küniglberges liegt der viel kleinere und bescheidenere Lainzer Friedhof, der 1876 als gemeinsamer Ortsfriedhof für Lainz und Speising angelegt wurde.

Gleichzeitig wurde der alte Lainzer Friedhof geschlossen, der sich neben der alten Lainzer Pfarrkirche befunden hatte. Beim Neubau der Pfarrkirche im Jahre 1736 war dieser Friedhof bereits von einer Mauer umgeben. Die starke Zunahme der Einwohnerzahl in den folgenden Jahrzehnten ließ den Friedhof schließlich zu klein werden. Da keine Erweiterungsmöglichkeiten bestanden, wurde der neue Friedhof angelegt.

Bemerkenswert am alten Ortsfriedhof: die Familiengruftkapelle des Grafen Tige, der einen Teil der Kosten für die Friedhofsmauer getragen und sich dafür einen bevorzugten, geräumigen Platz im Friedhof gesichert hatte – und die eigene, durch einen Graben abgeteilte Begräbnisstätte für Selbstmörder.

OBER ST. VEITER FRIEDHOF

In früheren Jahrhunderten lagen die Ortsfriedhöfe fast immer unmittelbar neben den Kirchen. Vermutlich war es auch in St. Veit so, wir wissen jedoch nichts darüber. Fest steht jedoch, daß Fürsterzbischof Josef Trautsohn 1751 einen neuen Ortsfriedhof anlegen ließ, der sich an der Stelle des heutigen Streckerparks befand. Vielleicht wollte der Kirchenfürst die Erinnerung an den Tod aus der Nähe des Erzbischöflichen Schlosses entfernen. Auch dieser Friedhof wurde mit zunehmender Besiedlung zu klein. 1876 wurde der jetzt bestehende Friedhof geweiht. Er ist ein Beispiel für einen Parkfriedhof. Beim Spaziergang durch diesen stillen und stimmungsvollen Friedhof findet man fast alle Namen, die in der Geschichte von St. Veit und Hacking eine Rolle gespielt haben, ferner die zum Teil als eigene kleine Friedhöfe gestalteten Begräbnisstätten der hier ansässigen geistlichen Orden und auch die Gräber von Prominenten, wie des Malers Egon Schiele, des Landschaftsmalers Karl Geyling, des Gründers des Wiener Männergesangsvereins Dr. August Schmied und des großen Theatermannes Franz Jauner, der das Carl-Theater, die Hofoper und das Ringtheater glanzvoll führte, aber am Brand des Ringtheaters, bei dem 386 Menschen ums Leben kamen und für den man ihn mitverantwortlich machte, zerbrach und 1900 Selbstmord verübte.

Sagen aus Hietzing

WIE DER NAME HIETZING ENTSTAND

Eine Legende erklärt den Ursprung des Ortsnamens »Hietzing« mit einem wundersamen Geschehen im Jahre 1529. In Wirklichkeit gab es diesen Ortsnamen damals schon seit mindestens sechs Jahrhunderten. Erhard Dollinger hat die alte Legende in Gedichtform gekleidet.

»Hüet's enk!«

Ferne der Stadt in dem kleinen Ort,
als die Türken einst standen vor Wien,
da trieben sie viele als Sklaven fort,
kaum einer konnt' ihnen entflieh'n.

Vier standen gefesselt an einem Baum,
der dichtbelaubt mitten am Platz,
inzwischen durchsuchten die Feinde den
Raum
der Kapelle nach verborgenem Schatz.

Doch das Bildnis Mariens, mit Gottes
Sohn,
das als wundertätig verehrt,
ward zeitig verborgen in des Baumes
Kron',
durch Blätter den Blicken verwehrt.

Die Männer aber, sie ahnten's nicht,
das Bild in der Äste Gewirr,
denn jeder hielt gesenkt das Gesicht,
so standen voll Kummer die vier.

Und nahe im Kirchlein, da lodern die Brände,
der Abendhimmel färbt langsam sich rot,
da heben sie bittend die gefesselten Hände,
und fleh'n zu Maria um Hilf' in der Not.

Auf einmal erstrahlt's hell in den Zweigen,
und als die Männer blicken empor,
seh'n sie Maria das Haupt tief neigen,
und »Hüet's enk« klingt's da an ihr Ohr.

Abgefallen waren nun die Ketten,
neu gestärkt durch höh're Macht,
konnte jeder dann sich retten
und entflieh'n in dunkle Nacht.

Später, als sie wieder kamen,
sah'n den Ort sie öd' – verbrannt,
niemand kannte mehr den Namen,
»Hiet's eng« ward er neu benannt.

Und hier zeigt uns die Legende
– 1529 dies geschah –,
wenn die Hoffnungen am Ende
ist das Wunder oft ganz nah'.

DAS WASSERMÄNNLEIN AN DER WIEN

Unterhalb von Schönbrunn befand sich im Wienflußbett ein großes Wehr, von dem Wasser nach links in den sogenannten Mühlbach abgeleitet wurde. Der Mühlbach floß durch die Ullmannstraße bis Gumpendorf, wo er mehrere Mühlen betrieb. Das Wehr ist Schauplatz einer Sage, die Theodor Vernaleken in seinem Werk »Mythen und Bräuche des Volkes in Österreich« (Verlag Braumüller, Wien 1859) aufgeschrieben hat.

Das Wassermännchen bewohnt die Stelle des ehemaligen Wehres abwärts der Schönbrunner Brücke, wo ein kleines Schleusenhäuschen steht. Seine Kleidung besteht aus einem grauen Rocke mit blauen Knöpfen und aus gelben Beinkleidern. Seine Haare sind grün, glänzend und beständig naß. Den Tag hindurch schläft es in seinen unterirdischen Gemächern, über welche das Wasser rieselt. Nach dem Gebetläuten kommt es hervor und lauert. Kommt nun ein Mensch in seinen Bereich, so zieht es behende einen goldenen Kamm aus der linken Tasche seines Rockes und kämmt sich seine Haare. Hat es dies getan, so ist der Mensch gewöhnlich verloren, und nur durch schnelle Geistesgegenwart gelingt es ihm, sich zu retten. Springt er nämlich über die Wagengleise, so hat das Wassermännchen keine Macht mehr über ihn, und zornig taucht es unter, daß die Wellen über ihm zusammenspritzen.

Ein Kürschnermeister von Gaudenzdorf, der weit umher als der beste Schwimmer bekannt war, ging mit seinen zwei Gesellen nach dem Ave Maria an die Wien hinab, um sich zu baden. Er war der erste im Wasser und zeigte seinen Gesellen allerhand Schwimmkünste. Auf einmal packte ihn das Wassermännchen beim Fuße und ersäufte ihn im Wasser. Die Gesellen ließen jedoch ihre Kleider im Stiche und entflohen.

Der »Schöne Brunnen«, von dem der Name Schönbrunn abgeleitet wurde. Die Quelle wurde 1622 entdeckt. Über der Quelle ist ein Pavillon, in dem eine Statue der Nymphe Egeria postiert ist. Das Quellwasser rinnt aus einem Gefäß in eine große Muschel.

Der erste Entwurf für den Bau des Schlosses Schönbrunn, den Johann Bernhard Fischer von Erlach 1690 fertigstellte. Er plante das Hauptgebäude auf der Anhöhe, auf der dann die Gloriette gebaut wurde.

Nach einem Aquarell des bedeutendsten Wiener Vedutenmalers Rudolf Alt schuf F. Würthle diesen Stich, der Schönbrunn um etwa 1880 darstellt.

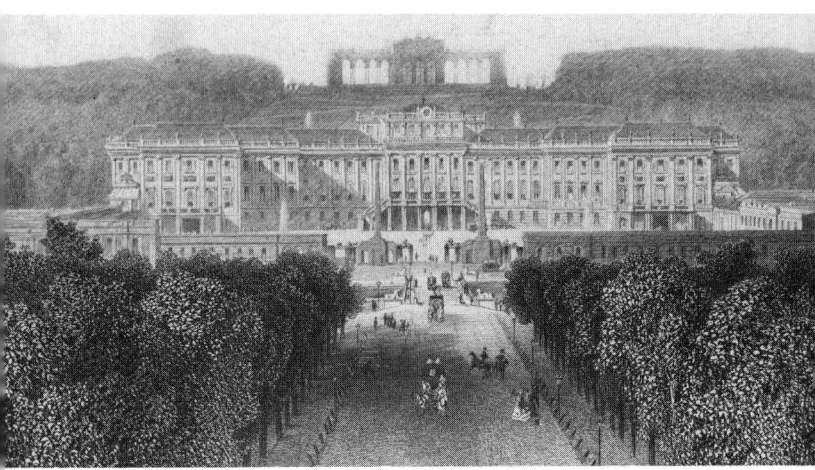

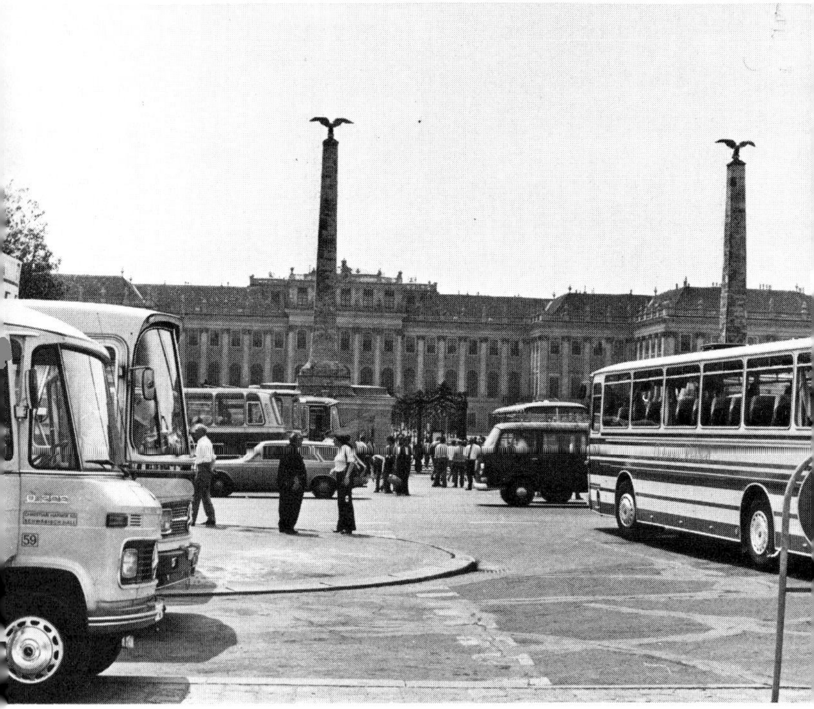

Heute wird das Bild Schönbrunns vom Wienfluß her in der Reisezeit von den Autobussen und Autos beherrscht, die jährlich Hunderttausende Besucher zum Schloß bringen.

Die Gloriette krönt den Schönbrunner Schloßpark. Das nach allen Seiten offene Gebäude vermittelt ein ungewöhnliches Raumgefühl, das der Wirkung antiker Bauwerke gleicht.

Der Schönbrunner Schloßpark wird nicht nur von den Touristen frequentiert, sondern auch von vielen Wienern, die in der prächtigen Anlage spazierengehen.

Charakteristisch für Schloß Schönbrunn sind auch die Beleuchtungskörper, wie diese kunstvoll gestaltete Leuchte auf der großen Freitreppe.

Rokoko-Kamin im Porzellanzimmer, das seinen Namen von den Holzornamenten hat, die durch ihre blauweiße Bemalung wie Porzellan aussehen.

Unten: Besonders kostbar ist das Millionenzimmer ausgestattet, das Maria Theresia als Audienzraum benützt hat. Darunter: Das Palmenhaus, das im Mittelteil 30 Meter hoch ist. Es wurde in den Jahren 1880 bis 1882 erbaut.

Die einstige Gärtnerei Fasangartengasse 13 vermittelt einen typischen Eindruck von der Verbauung Speisings in der zweiten Hälfte des vorigen Jahrhunderts, als vor allem Milchmeier und Gärtner das Bild des Ortes prägten.

Das Militär-Invalidenhaus am oberen Stranzenberg mit der Invalidenkirche wurde im Jahre 1909 fertiggestellt. Im weiten Umkreis waren damals noch Wiesen, Gärten und Felder.

Ein dominierendes Gebäude in der Lainzer Straße war das Jesuitenkolleg an der Stelle der jetzigen Konzils-Gedächtniskirche. Die Seitenflügel wurden 1884 und 1889 fertiggestellt, die Kirche im Jahre 1886.

Mit allem Prunk der Monarchie wurde am 17. Mai 1913 von Erzherzog Karl, dem späteren letzten Habsburger-Kaiser, und Bürgermeister Dr. Richard Weiskirchner das Lainzer Krankenhaus eröffnet.

Der Gastwirt Karl Wambacher (rechts) war 1884 bis 1891 Bürgermeister von Lainz, der letzte Bürgermeister des selbständigen Ortes. Seine Gastwirtschaft in der Lainzer Straße (oben) war renommiert und viel besucht. Das Photo aus dem vorigen Jahrhundert zeigt noch die Holzflöcke zum Anbinden der Pferde.

Der Eingang des Lainzer Krankenhauses um 1930. Er schaute nach der Eröffnung im Jahre 1913 – von den inzwischen gewachsenen Bäumen abgesehen – genauso aus, denn der Ausbau in der Ersten Republik erfolgte im Inneren des Spitalsgeländes.

Ein typischer Pavillon des Altersheimes Lainz, wie er sich um 1930 präsentierte. Die Modernisierung der Pavillons zum Pflegeheim erfolgt unter maximaler Bewahrung der alten Fassadengestaltung, nur das Innere wird den neuen Anforderungen angepaßt.

Zentraler Bau des Pflegeheimes Lainz ist die Kirche. Dieses Photo entstand, wie an den kleinen Bäumen erkennbar ist, noch vor dem Ersten Weltkrieg, die Anlage entstand in den Jahren 1902 bis 1904 als »Versorgungsheim der Stadt Wien«.

Das Pensionistenheim Föhrenhof in der Dr.-Schober-Straße ist das zweite dieser modernen Heime, das in Wien gebaut wurde. Für kein anderes Wiener Pensionistenheim gibt es so viele Voranmeldungen.

Der Zentralbau der städtischen Siedlung Hermeswiese ist typisch für die Bautätigkeit in den Grüngebieten am Stadtrand während der Ersten Republik.

Die Kongreßsiedlung kurz nach ihrer Fertigstellung im Jahre 1954. Sie war eine der ersten größeren Wohnanlagen der Gemeinde Wien in der Periode des Wiederaufbaus nach dem Zweiten Weltkrieg.

Ein typisches Bild aus dem Jahre 1945: Wiener holten Brennholz aus dem Lainzer Tiergarten und schleppten es oft über weite Strecken nach Hause.

Die Hermesvilla im Lainzer Tiergarten, einst im Auftrag Kaiser Franz Josephs als Jagdschlößchen für seine Gattin Elisabeth erbaut, heute Ausstellungsgebäude und Raststätte für die Besucher des Tiergartens.

Die im Zweiten Weltkrieg und in den Nachkriegsjahren devastierte Hermesvilla wurde mit viel Liebe zum Detail und mit großem persönlichem Einsatz der Mitarbeiter der städtischen Forstverwaltung wiederhergestellt.

Der Lainzer Tiergarten ist das letzte große Stück des ursprünglichen Wienerwaldes auf Wiener Boden. Er zeichnet sich durch seinen prächtigen Baumbestand aus. Dieses Bild zeigt eines der beliebten Ausflugsziele, die Dorotheerwiese.

Tiere aus dem Lainzer Tiergarten: Obere Reihe zwei Mufflons und ein Auer-
ochs, untere Reihe von links ein Reh, ein Wildschwein und ein Damhirsch.

Der Eingang zur Volkshochschule Hietzing, Ecke Hofwiesengasse—Feldkellergasse. Das 1974 fertiggestellte Gebäude hat sich in kurzer Zeit zu einem wichtigen Veranstaltungszentrum entwickelt.

In der Zweiten Republik sind im 13. Bezirk zahlreiche markante Wohnanlagen der Stadt Wien entstanden, wie dieser Komplex im Bereich Maygasse—Klitschgasse, der sich durch ruhige und doch gegliederte Blockgestaltung auszeichnet.

Das Innere der Konzils-Gedächtniskirche in der Lainzer Straße entspricht bereits der modernen Liturgie. Die zugleich bewegte und harmonische Gestaltung ergibt einen der überzeugendsten modernen Kirchenbauten in Österreich.

Zu einem neuen – allerdings nicht unumstrittenen – Wahrzeichen des 13. Be-
zirks wurde das ORF-Zentrum auf dem Küniglberg. Die Architektur erinnert
nach Meinung vieler eher an ein Schlachtschiff als an ein geistiges Zentrum.

STOCK IM WEG

Über den »Stock-im-Weg« gibt es eine alte Sage, die in einem ebenfalls sehr alten Gedicht, dessen Verfasser unbekannt ist, festgehalten wurde.

Als man schrieb 1115 Jahr
allhier ein großer Stock im Wege war,
des war ein hohler Lindenbaum, hoch wie ein Turm,
der barg in seinem Bauch ein gift'gen Lindenwurm.
Der reckt die Zunge aus sieben Köpfen raus,
und spie aus sieben Rachen Feuer aus.
Er fraß den Mann, den Stier, das Kind,
die Küh', die Frau und das Gesind.
Und alle beteten zu Gott,
daß er sie befrei aus dieser Not.

Da kam von drent der streitbare St. Veit,
von seiner Einsiedelei war es nicht weit,
Der hat das ††† Teufelsvieh geräuchert und
besprengt,
daß es sogleich seine 7 Köpf gehängt,
und durch des Exorzismus Macht,
hat er es glücklich umgebracht.
Der Stock im Weg ist nun befreit,
des lobt St. Veit man alle Zeit.

SAGEN AUS HACKING

An alte Sagen erinnert Josef Vinzenz in seinem Buch »Erlebtes und Erlauschtes aus Wiens Vorstadt«.

Ich stand jetzt vor dem Nikolaitor an der Tiergartenmauer. Betrachtete die Kapelle, die drinnen unter den entlaubten Bäumen stand, und da fiel mir ein, daß sie das »Niklokircherl« meiner Kindheit ist. Damals hatte ich den Glauben an den »Niklo« noch nicht verloren. Wenn mir die Mutter erzählte, der »Niklo« hole an seinem Tag die ungeratenen Kinder und brächte sie dann in den Tiergarten, wo er sie ganz einfach ihrem Schicksal überließ, dann kam das Gruseln über mich. War ja auch kein schöner Zug von dem heiligen Mann, die Kinder mitten unter die Wildschweine zu stecken; mochten dann jene sehen, wie sie mit denen fertig wurden...

Vor mehr als 60 Jahren, als ich mit meinen Schulkameraden oft hier vorbeigekommen bin, entweder um in der Wien zu baden oder um Holz aus dem Wald zu holen, da war an der Mauer ein schwarzes Kreuz angemalt. Davor zogen wir immer ehrfürchtig den Hut. Die Sage ging, unter dem Kreuz läge ein »Wildpratschütz« begraben. Heute weiß ich nicht mehr, was in uns die Ehrfurcht erweckt hat: war's das düstere Kreuz oder das unheimliche Gefühl, über ein Grab zu steigen.

Daneben erhob sich das »Hasenbergl«. Er war mit Holundersträuchern dicht bewachsen. Hier fing der alte Feichtinger immer Vögel, die er dann in Schnaps umsetzte... Der Berg, den ich jetzt hinaufkeuche, hieß Hackingberg. Wer mag daraus einen Hagenberg gemacht haben?...

Ein verschlafener Weg läuft neben der Mauer durch zerzausten Schlehdorn, um den herum verblühte Kräuter und verkümmertes Strauchwerk welken. Er führt zum Karfreitagseck. An das knüpft die Sage an, erzählt von einem vergrabenen Schatz. Ist aber nicht zu heben, wegen der zu schweren Bedingungen: Nur jenem Menschen wird er an einem Karfreitag sichtbar, der ohne Fehler ist! Ich bitte, im zwanzigsten Jahrhundert; ein Mensch ohne Fehler! Aber einmal hat hier doch ein allgemeines Schatzgraben stattgefunden. Als der Kassier einer Wiener Bank über hunderttausend Gulden defraudierte. Da ging das Gerücht, der Dieb hätte das Geld beim Karfreitagseck vergraben. Haben aber nur Steine gefunden, die Schatzgräber.

DIE RÜCKKEHR AUS DEM PARADIES

In der »Festschrift des Ober St. Veiter Männergesangsvereins« zum 60jährigen Bestandsjubiläum im Jahre 1930 erzählen Vorstand Hanns Reiß und Schriftführer August Puraner jun. eine alte Legende.

Eine Bruderschaft, welche im 17. Jahrhundert durch einen Erlaß Kaiser Josephs II. aufgehoben wurde, machte im alten St. Veit viel von sich reden. Sie soll von sechs frommen Männern gegründet worden sein, welche die Kameradschaft bis über den Tod hinaus pflegten und sich feierlichst angelobten, daß der erste, der ihrem Kreis durch den Tod entrissen würde, am nächsten Sonntag zu den Brüdern kommen möge.

Als nun der erste der Brüder starb und der nächste Sonntag herannahte, richteten die Brüder in feierlichster Weise das Mahl und ließen auch den Platz des Verstorbenen genau so decken wie die Plätze der anderen. Als sich alle eingefunden hatten, betrat der verstorbene das Zimmer, schilderte die Herrlichkeiten des Paradieses und machte sich erbötig, einen der Brüder mit sich führen zu wollen, um ihm das Paradies schon vor dem Tode zeigen zu können.

Sie vereinbarten einen gewissen Tag, an welchem der Bruder an einer bezeichneten Stelle einen Schimmel findet, der ihn ins Paradies führen werde – vorausgesetzt, daß der Bruder gut gebeichtet habe. Dieser beichtete und kommunizierte und kam an die bezeichnete

Stelle, an der er wirklich das Pferd fand. Er bestieg dasselbe, doch das Tier wollte nicht recht weitergehen. Der Bruder erinnerte sich, daß er eine geringfügige Sünde zu beichten vergessen habe. Er suchte einen Einsiedler auf und beichtete nochmals genau. Er bestieg wieder das Pferd, welches nun sofort ein schnelles Tempo anschlug und den Bruder bald in unbekannte Gegenden trug. Nach ziemlich langem Ritte, welcher durch immer schönere Gegenden führte, blieb der Schimmel stehen, und der Bruder sah seinen verstorbenen Freund überirdisch verklärt auf sich zukommen. Dieser zeigte nun dem über alle Maßen erstaunten Erdenbürger die Freuden und Herrlichkeiten des Paradieses und entließ ihn nach 24 Stunden.

Der wohlbekannte Schimmel erwartete den Bruder und führte ihn wieder heimatlichen Gegenden zu. Im Tiergartengehölz blieb das Pferd stehen, der Bruder stieg ab, und das Pferd verschwand plötzlich. Der fromme Mann ging nun dem Orte zu, doch kam ihm derselbe merkwürdig verändert vor. Er durchging die ihm bekannten Gassen und fand andere, neue Häuser vor. Scheu und verwundert betrachteten ihn die Leute, denen er begegnete. An der Stelle seines ehemaligen Hauses war ein neues, und als er anklopfte und um Auskunft bat, wurde ihm bedeutet, daß die Mitglieder der Familie, welche einst hier gewohnt hatten, schon seit Jahren verstorben seien. Nun ging der Bruder ins Pfarrhaus, und es wurde auf Grund der Aufzeichnungen festgestellt, daß er vor zirka 100 Jahren vom Orte wegging und hier als tot galt.

Denkmäler

Am Platz, nördliche Außenseite des Kirchenchores – Bildstock, 16. Jahrhundert.

Am Platz, nördlich des Kirchenchores – Marien-Säule (Immaculata), 1713 errichtet, 1772, 1815, 1853, 1894 restauriert.

Am Platz – Denkmal für Kaiser Maximilian von Mexiko; Bronzestandbild, 1871 von Johann Meixner.

Hügelpark – Denkmal für Alexander Freiherr von Hügel; 1901 errichtet von Johann Benk.

Jagdschloßgasse, beim Jesuitenkollegium – Johannes-von-Nepomuk-Statue.

Lainzer Straße bei 117 – Dreifaltigkeits-Säule, zweite Hälfte 17. Jahrhundert.

Schimonipark – Bildstock, 19. Jahrhundert.

Versorgungsheim Lainz, vor Pavillon XIV – Denkmal für Karl Lueger.

SKULPTUREN IN GEMEINDEBAUTEN

Auhofstraße, Hietzinger Kai – »Mandolinenspieler« von Wander Bertoni, Auhofstraße, Hietzinger Kai – »Ruhender Fischer« von Heinz Leinfellner.

Bossigasse, Auhofstraße, Mantlergasse – »Elefant« von Christa Vogelmayer, 1954.

Hanselmayergasse, verl. Dovskygasse – »Vogeltrinkbrunnen« von Andreas Urteil, 1962.

Hügel-Park, Andersen-Kindergarten – »Das häßliche kleine Entlein« von Margarete Bistron-Lausch, 1955.

Hummelgasse 60–64 – Reliefpfeiler von Angela Varga, 1968.

Jenulgasse 9–13 (Gartenhof) – »Jüngling mit Gans« von Josef Heu, 1930.

Hermesstraße, Wolkersbergenstraße (Oscar-Straus-Park) – »Tanzende weibliche Figur« von Heinrich Deutsch und Rudolf Schwaiger, 1959.

Rottstraße 1 – Plastiken am Zierbrunnen von Wilhelm Fraß, 1925. Sarajevoplatz.

Fasangartengasse 107 – »Giraffen« von Herbert Schwarz, 1965.

Schloßberggasse 8, Jugendgästehaus – Abstrakte Plastik von Rudolf Hoflehner, 1960.

Steckhovengasse – Springbrunnen von Josef Seebacher, 1959.

Tolstojgasse, Spohrstraße, Trazerberggasse – »Mutter und Kind« von Florian Josephu, 1962.

Wattmanngasse, Elisabethallee, westliche Seite – »Schneckenpaar« von Fred Gillesberger, 1958.

Wattmanngasse, Elisabethallee, Volkgasse, Hanselmayergasse – »Giraffe« von Hannes Haslecker, 1955.

Wattmanngasse, Elisabethallee, westliche Seite – »Hockende« von Robert Steiner, 1960.

SKULPTUREN IN EIGENTUMSWOHNBAUTEN

Gloriettegasse 45 – »Mutter mit Kind« von Adolf Wagner von der Mühl, 1959.

Hietzinger Hauptstraße 56 – »Flötenspielerin« von Ernst Wenzelis, 1960.

Kremsergasse 5 – »Junge Liebe« von Heribert Rath, 1964.

Gedenktafeln

Auhofstraße 144: »In diesem Hause wohnte von 1901 bis zu seinem Tode 1924 der österreichische Afrikaforscher Julius Bieber. Seine Lebensarbeit galt der Erforschung des Kaiser-Gott-Reiches Kaffa in Süd-Äthiopien. Geographische Gesellschaft Wien.«

Auhofstraße 244: »In diesem Hause wohnte der Dichter Max Mell seit dem Jahre 1919. Hier schuf er viele seiner Werke. Er wurde in Marburg an der Drau am 10. November 1882 geboren und starb hier am 12. Dezember 1971. Ihrem Ehrenmitglied die Josef-Weinheber-Gesellschaft.«

Hetzendorfer Straße 188: »Unsterbliche Opfer. Hedy Urach 1910–1943, Emil König 1899–1943, Heinrich Lochner 1899–1943, Max Schrems 1892–1944. Sie starben für Freiheit und Menschenwürde unter dem Mordbeil der Hitlerfaschisten. Von den Kollegen des Bahnhofes Speising.«

Hietzinger Hauptstraße 14 (Parkhotel Schönbrunn): »Hier wohnte 1911 Thomas Alva Edison, der geniale Techniker.«

Hietzinger Hauptstraße 141 (Ober St. Veiter Kasino): »Im Ober St. Veiter Casino erklang am 19. oder 18. März 1893 zum ersten Mal der Deutschmeistermarsch von Wilhelm Julik. 1953 gewidmet von der Gesellschaft der Wiener in Wien.«

Jenbachgasse – Friedenszeile: »Friedensstadt – Grundsteinlegung am 3. September 1921. Am 19. September 1920 haben siedlungswillige Kriegsbeschädigte diesen Bereich des Tiergartens besetzt und damit die Voraussetzung zum Entstehen der Friedensstadt geschaffen. Um die Gründung und den Ausbau der Friedensstadt haben sich besondere Verdienste erworben als Förderer: Bürgermeister Jakob Reumann, Arch. Adolf Loos, Reg.-Rat Dr. Kampfmeyer. Als Funktionäre der Siedlungsgenossenschaft der Kriegsbeschädigten: Franz Kalinka, Josef Schirmböck, Karl Zauninger, Rudolf Rohrbacher, Alfred Marek, Alois Mohler, Rudolf

Scheckenbach, Otto Horatschek, Josef Nowak, Wilhelm Bolek. Verdiente Funktionäre des Siedlervereines: Revierinspektor Friedrich Kodydek, Revierinspektor Leopold Mayer, Inspektor Josef Offenberger. Hofrat Dipl.-Ing. Josef Eberwein, Josef Steteska.«

Maxingstraße 18: »In diesem seinem eigenen Hause, wohnte 1870–1878 Johann Strauß und schuf hier seine unsterbliche ›Fledermaus‹.«

Maxingstraße 18: »In diesem Hause wohnten und schufen 1898–1925 der Maler Julius Schmid, Schöpfer des Bildes ›Ein Schubertabend‹, und 1911–1927 der Tondichter Karl Prohaska. Der Wiener Schubertbund 1934.«

Münichreiterstraße 9: »In diesem deutschen Hause wohnte in den Jahren 1923–1928 wiederholt der deutsche Dichter Dr. Ottokar Kernstock.«

Oscar-Straus-Park: »Diese Parkanlage wurde zur Erinnerung an den Operettenkomponisten Oscar Straus (1870–1954) benannt.«

Schweizertalstraße 16: »In diesem Haus starb am 22. November 1911 Wilhelm Freiherr von Appel, der österreichische Dichter der Begründer der ›Muskete‹, im Alter von 36 Jahren.«

Speisinger Straße 28: »Hier wohnte Hansi Niese in dem Hause ihrer Eltern 1880–1892. Hansi Niese Gemeinde, Wien 1936.«

Trauttmansdorffgasse 27: »Alban Berg, Komponist der Oper Wozzek, wohnte in diesem Hause.«

Veitingergasse 9 (Schule): »Diese Schule erbaute die Gemeinde Wien im Jahre 1933 unter dem Bürgermeister Karl Seitz. Nach der Befreiung im Jahre 1945 erhielt sie zur Erinnerung an den großen Freund der Jugend und Schöpfer der Wiener Schulreform den Namen Otto-Glöckel-Schule.«

Versorgungsheimplatz 1 (Pflegeheim Lainz): »Josef Wild, k. k. Gymnasialprofessor, geb. am 13. Jänner 1846, gest. am 2. Mai 1887, stiftete dieses Haus in seiner letztwilligen Anordnung vom 12. Oktober 1885. Erbaut von der Gemeinde Wien unter dem Bürgermeister Dr. Karl Lueger im Jahre 1904.«

Wattmanngasse 25: »Bohuslaw Foerster, der tschechische Komponist, und seine Gemahlin Berte Foerster-Lauterer, Sängerin der Wiener Hofoper, wohnten in diesem Hause 1908–1918.«

Naturdenkmäler

Adolfstorgasse 13: Eibe.

Adolfstorgasse, nächst der Auerhütte: Feldulmen.

Am Platz, vor der Kirche: Zwei Platanen.

Auhof, nächst dem Weidlinger Tor des Lainzer Tiergartens: Schwarznußbaum.

Auhof, westliches Ende der Hofjagdallee: Linde.

Auhof, Eingang zum Auhofer Gut beim Pulverstampftor des Lainzer Tiergartens: Linde.

Auhof, nächst dem Pulverstampftor des Lainzer Tiergartens: Zwei Weymouthskiefern.

Auhofstraße 10: Platane.

Auhofstraße 11a: Platane.

Auhofstraße 36–Steckhovengasse 8: Tränenkiefer.

Auhofstraße 108b: Zwei Robinien.

Auhofstraße 241: Eine Blutbuche, eine Sommerlinde.

Braunschweiggasse: Baumbestand (26 Schwarzkiefern, eine Blutbuche).

Dommayergasse 7: Platane.

Dommayergasse 6: Eine Platane, eine Eibe und ein Trompetenstrauch.

Eduard-Klein-Gasse 7: Platane.

Fasangartengasse 6: Spitzpappel.

Friedenszeile–Hermesstraße: Mehrere Baumgruppen (Eichen, Elsbeerbäume, Roßkastanien und Speierlinge).

Gallgasse 3: Linde.

Ghelengasse 38 (gegenüber): Baumweide.

Glasauergasse 9: Holunderbaum.

Gloriettegasse 10: Baumhasel.

Hagenberg, nächst der Adolfstorgasse und Veitlissengasse: Wildbirnbaum.

Hermesstraße 31–33: Traubeneiche.

Hietzinger Hauptstraße 14–16: Baumgruppe (8 Platanen, 2 Spitzahorne, 2 Roßkastanien, 1 Bergahorn, 1 Götterbaum).

Hietzinger Hauptstraße 22: Schönste Eibe Wiens.

Hietzinger Hauptstraße 20: Männliche Eibe, 3 Platanen, Baumhasel.

Hofjagdallee: Historische Allee aus der Mitte des 18. Jahrhunderts (Roßkastanien, Linden, Eichen).

Hörndlwald: Schutzwald des Lainzer Krankenhauses.

Hügelgasse 7: Platane.

Josef-Gangl-Gasse 32–34: Zeder.

Küniglberg, Konskr. Nr. 472: Pyramidenpappel.

Lainzer Straße 35: Schwarzpappel.

Lainzer Straße 85–87: Efeustock.

Lainzer Tiergarten: Feldulme.

Lainzer Tiergarten: Ursprünglicher Wald am Johannserkogel; diese Gehölzgruppe setzt sich aus 250 bis 350jährigen Trauben- und Stieleichen, aus jüngeren Zerreichen sowie aus Rot- und Weißbuchen zusammen.

Larochegasse 30: Eine Winterlinde, ein japanischer Goldfruchtbaum und eine Stechpalme.

Maxingstraße 18: Zwei Eiben.

Napoleonwald: Eichenbestand.

Neue-Welt-Gasse 11: Stechpalme.

Neue-Welt-Gasse 14–Eitelbergergasse 29: Ginkgobaum.

Raschgasse 1: Platane.

Schloßberggasse 8: Zehn verschiedene Bäume, Teich und Quelle, Sommerlinde.

Schönbrunn, Botanischer Garten: Japanischer Schnurbaum, Stieleiche, Eibe.

Schönbrunner Schloßgarten: Ältester Ginkgobaum Österreichs, wurde im Jahre 1781 nach Wien gebracht.

Schweizertalstraße–Prehausergasse (vor der Parkanlage): Esche.

Speisinger Straße 76 (Zugang Hochmaisgasse 6–8): Mammutbaum, angeblich im Jahre 1870 gepflanzt.

Steckhovengasse 2: Baumhasel, Blutbuche, Eibe.

Stock im Weg 19: Mammutbaum.

Streckerpark: Eibe, mehr als 150 Jahre alt. Die Eibe stand ursprünglich auf dem Grundstück Glasauergasse 7. Sie wurde im Dezember 1938 in Gegenwart von Hunderten Schaulustigen in den Streckerpark versetzt. Noch monatelang kamen viele Ober St. Veiter in den Park, um nachzuschauen, ob der Baum diese schwierige Übersiedlung überlebt habe.

Trauttmansdorffgasse 31–33: Baumhasel.

Vinzenz-Heß-Gasse 14: Linde und Trauerweide, Quelle und drei Weiher.

Wattmanngasse 8: Platane.

Weidlichgasse: Zwei aus 19 Eichen bestehende Baumreihen. Eichen sind als Alleebäume selten, die Allee ist etwa 70 Jahre alt.

Weidlichgasse 4: Eibe.

Wenzgasse 7: Kalifornische Flußzeder.

Winzerstraße 15: Eiche.

Hietzinger Straßen- und Gassennamen

Adolf-Lorenz-Gasse – Professor Adolf Lorenz (1854–1946), Arzt, wird »Vater der modernen Orthopädie« genannt.

Adolfstorgasse – Das Adolfstor befindet sich in der 1782–1787 errichteten Mauer des Lainzer Tiergartens.

Aichbühelgasse – Johann Carl Aichbühel, um 1654 Besitzer der Herrschaft Hacking, war 1649 Rektor der Wiener Universität.

Alban-Berg-Weg – Alban Berg (1885–1935), Komponist, hervorragender Vertreter der Wiener Schule.

Alois-Kraus-Promenade – Alois Kraus (1879–1919), Leiter des Schönbrunner Tiergartens.

Altgasse – Ältester Teil von Hietzing.

Amalienstraße – Kaiserin Amalie (1673–1742), Gemahlin Kaiser Josephs I.

Am Fasangarten – Hier befand sich die Fasanerie von Schönbrunn.

Am Himmelhof – Wegen der schönen Lage und Aussicht so benannt.

Am Platz – Am Platz war schon im 11. Jahrhundert der platzartige Treffpunkt der Hietzinger Dorfbewohner vor der Kirche.

Am Rosenberg – Alter Flurname.

Am Rosenhügel – Hier befanden sich Rosenkulturen.

Anatourgasse – Maria Anatour (1856–1920), Schauspielerin.

Angermayergasse – Anton Angermayer (1803–1874), von 1847 bis 1861 Pfarrer von Ober St. Veit.

Anton-Langer-Gasse – Anton Langer (1824–1879), Schriftsteller.

Aschergasse – Leo Ascher (1880–1942), Operettenkomponist. Sein größter Erfolg unter mehr als 30 Werken war »Hoheit tanzt Walzer«.

Atzgersdorfer Straße – Atzgersdorf war ein Vorort Wiens, schon 1036 und 1171 urkundlich als Azzechinestorff erwähnt. Heute Teil des 23. Bezirks.

Augasse – Johann Peter Au (1720–1792), Weinhauer und von 1764 bis 1779 Richter von Mauer.

August-Reuss-Gasse – August Reuss (1879–1954), Universitätsprofessor für Kinderheilkunde.

Auhofstraße – Auhof war schon 1250 urkundlich als Hof in der Au bekannt und seit 1557 Sitz der kaiserlichen Jagdmeister.

Beckgasse – Max Wladimir Beck (1854–1943), österreichischer Ministerpräsident, Befürworter der Wahlreform für das allgemeine Wahlrecht 1907.

Bei den Meierhöfen – Nach den ehemaligen Meierhöfen.

Benkgasse – Johannes Benk (1844–1914), Bildhauer.

Bergenstammgasse – Alois Groppenberger Edler von Bergenstamm (1754–1821), Altertumsforscher.

Bergheidengasse – Alter Flurname.

Björnsongasse – Björnstjerne Björnson (1832–1910), norwegischer Dichter.

Bossigasse – Giuseppe Bossi (1810–1891), Hutfabrikant, großer Wohltäter.

Bowitschgasse – Ludwig Bowitsch, Pseudonym für Ludwig Bistow, Hofbeamter und Schriftsteller.

Brammergasse – Julius Brammer (1877–1943), Operettenlibrettist, u. a. für »Die gold'ne Meisterin« von Edmund Eysler.

Braunschweiggasse – Herzog Wilhelm von Braunschweig (1806–1884), Besitzer des Cumberlandpalais in der Penzinger Straße, das vorher ein Sommerschlößchen Maria Theresias war und jetzt teils der Botschaft der ČSSR, teils dem Max-Reinhardt-Seminar gehört.

Buchbindergasse – Bernhard Ludwig Buchbinder (1854–1922), Schauspieler, Journalist, Verfasser von Volksstücken, Possen und Operettentextbüchern.

Camillianergasse – Seit 1905 gibt es den »Camillianer«-Männerorden für Krankenpflege in Wien.

Carolaweg – Prinzessin Carola Wasa wurde 1833 in Hietzing geboren und war ab 1877 Eigentümerin des unweit gelegenen Schlosses.

Chrudnergasse – Peter und Alexius Chrudner (Gradner) waren in den Jahren 1411 bis 1527 die Lehensherren von Lainz und Speising.

Costenoblegasse – Karl Ludwig Costenoble (1769–1837), Burgschauspieler und Schriftsteller.

Cranachstraße – Lucas Cranach der Ältere (1472–1553), Lucas Cranach der Jüngere (1515–1586), berühmte Maler und Bürgermeister von Wittenberg.

Cuviergasse – Georg Baron von Cuvier (1769–1832), französischer Zoologe und Anatom.

Diabelligasse – Antonio Diabelli (1781–1858), Komponist und Musikverleger, verlegte die meisten Werke von Franz Schubert.

Dirkensgasse – Annie Dirkens (1870–1942), Operettensängerin.

Dr.-Schober-Straße – Dr. Johann Schober (1874 bis 1932), 1918–1927 Polizeipräsident von Wien.

Dr.-Schreber-Gasse – Dr. Daniel Gottlieb Moritz Schreber (1808–1861), Arzt und Heilpädagoge. Nach ihm sind die »Schreber«gärten benannt.

Dommayergasse – Ferdinand Dommayer (1800–1858), Gründer des Dommayer-Kasinos in Hietzing.

Dontgasse – Jakob Dont (1815–1888), Komponist und Geigenvirtuose.

Dostalgasse – Hermann Dostal (1874–1930), Militärkapellmeister und Operettenkomponist.

Dostojewskijgasse – Fedor Dostojewskij (1821–1881), russischer Dichter.

Dovskygasse – Beatrice Dofsky (1870–1923), Schriftstellerin.

Dvorakgasse – Max Dvorak (1874–1921), Kunsthistoriker.

Ebersberggasse – Ottokar Franz Ebersberg (1833 bis 1886), Journalist und Schriftsteller. Er gründete 1861 das politische Witzblatt »Der Kikeriki« und 1872 das »Illustrierte Wiener Extrablatt«, er schrieb etwa 150 Wiener Lokalpossen.

Ebner-Rofenstein-Gasse – Dr. Viktor Ebner-Rofenstein (1842–1925), Professor für Histologie an der Universität Wien.

Eduard-Jaeger-Gasse – Dr. Eduard Jaeger (1818 bis 1884), Augenarzt und Professor an der Universität Wien.

Eduard-Klein-Gasse – Dr. Eduard Klein (1828–1894), Rechtsanwalt, Ortsschulrat und Gemeinderat von Hietzing.

Egon-Schiele-Gasse – Egon Schiele (1890–1918), einer der bedeutendsten Maler des Expressionismus.

Einsiedeleigasse – Der Hofbeamte Leopold Zetl, der später Franziskanermönch wurde, lebte hier von 1748–1782 in einer Klause als Einsiedler.

Eisenbachgasse – Heinrich Eisenbach (1870–1923), Komiker und Direktor des »Budapester Orpheums«, eines Singspieltheaters, in Wien.

Eitelbergergasse – Hofrat Rudolf Eitelberger von Edelberg (1817–1885), Professor für Kunstgeschichte und Direktor des österreichischen Museums für Kunst und

Industrie, war Gemeinderat (1864–67) und Ehrenbürger der Stadt Wien.

Elisabethallee – Kaiserin Elisabeth von Österreich (1837–1898), Gattin Kaiser Franz Josephs I., ermordet in Genf am 10. September 1898.

Elßlergasse – Fanny Elßler (1810–1884), weltbekannte Solotänzerin der Wiener Hofoper.

Engelbrechtweg – Dr. August Engelbrecht (1861–1925), Altphilologe und Professor an der Universität Wien.

Engelhartgasse – Josef Engelhart (1864–1941), Maler und Bildhauer.

Erzbischofgasse – Das dort befindliche Schloß war das Sommerschloß des jeweiligen Erzbischofes von Wien.

Eugen-Jettel-Weg – Eugen Jettel (1845–1901), österreichischer Landschaftsmaler.

Eustachiusweg – St. Eustachius, römischer Feldherr (Placidus) und Märtyrer. Er gilt als Schutzpatron der Jäger.

Eyslergasse – Edmund Eysler (1874–1949), Operettenkomponist, u. a. »Die gold'ne Meisterin«, »Schützenliesl«, viele Lieder, u. a. »Küssen ist keine Sünd« und »Ich liebe dich unendlich, mein Wien«.

Faistauergasse – Anton Faistauer (1887–1930), bedeutender Maler.

Fasangartengasse – Nach dem ehemaligen Fasangarten des Schlosses Schönbrunn.

Fasholdgasse – Josef Fashold (1820–1893), Gemeinderat von Hietzing.

Fehlingergasse – Friedrich Fehlinger (1817–1890), Gemeinderat von Speising.

Feldkellergasse – Nach der ehemaligen Gastwirtschaft »Zum Feldkeller«.

Feldmühlgasse – Nach der einst hier befindlichen Feldmühle.

Felixgasse – Benedikt Felix (1851–1912), Opern- und Operettensänger.

Fichtnergasse – Karl Albrecht Fichtner (1805–1873), Hofschauspieler.

Firmiangasse – Leopold Maximilian Graf von Firmian (1766–1831), von 1822 bis 1831 Erzbischof von Wien.

Fleschgasse – Siegmund Flesch (1827–1902), Lederfabrikant und Wohltäter.

Flurgasse – Führte früher auf die Fluren des Girzenberges.

Fourniergasse – Dr. August Fournier (1850–1920), Politiker, Universitätsprofessor und Geschichtsschreiber.

Franz-Boos-Gasse – Franz Boos (1753–1832), Direktor des Schönbrunner Tiergartens und des Botanischen Gartens.

Franz-Petter-Gasse – Franz Xaver Petter (1791–1866), Blumenmaler.

Franz-Schalk-Platz – Franz Schalk (1863–1931), Dirigent und Direktor der Wiener Staatsoper.

Friedenshöhegasse – Friedenshöhe ist eine Siedlungsgenossenschaft.

Friedensstadtgasse – Nach der dort befindlichen Siedlungsgenossenschaft.

Friedenszeile – Nach dem Frieden des Ersten Weltkrieges 1914/18.

Frimbergergasse – Johann Georg Frimberger (1851–1919), Mundartdichter.

Fritz-Kastner-Weg – Dr. Fritz Kastner (1888–1968), Wiener Heimatforscher.

Fürthweg – Dr. Emil Ritter von Fürth (1863–1911), Wiener Gemeinderat von 1904 bis 1910, Förderer des Wiener Volksbildungsvereines.

Furtwänglerplatz – Dr. Wilhelm Furtwängler (1886 bis 1954), Dirigent.

Gaheisgasse – Franz de Paula Gaheis (1763–1811), Pianist und Ortsgeschichtsschreiber.

Gallgasse – Sebastian Gall (1820–1888), Gemeinderat und Wohltäter von Speising.

Gamgasse – Michael Gam (1793–1870), Weinhauer in Mauer.

Gemeindeberggasse – Der Gemeindeberg ist der Hausberg von Ober St. Veit.

Geneégasse – Franz Friedrich Richard Geneé (1823–1895), Komponist und Autor. Er schrieb die Texte für zahlreiche Operetten von Johann Strauß, Franz von Suppé und Karl Millöcker.

Geylinggasse – Karl Michael Geyling (1814–1880), Wiener Glasmaler. Die einstigen Fenster der Wiener Stephanskirche (zerstört 1945) und der Rotunde (zerstört 1937) stammten von ihm.

Griepenkerlgasse – Christian Griepenkerl (1839 bis 1916), Wiener Geschichts- und Porträtmaler.

Grobeckergasse – Anna Grobecker (1829–1908), Operettensängerin.

Großer Ring – Ringförmige Anordnung des Straßenzuges.

Grünbergstraße – Josef Freiherr Hagenmüller zu Grünberg wollte auf der Anhöhe um 1790 eine Ortschaft gründen, dies wurde ihm aber 1794 untersagt.

Gusindegasse – Universitätsprofessor Martin Gusinde (1886–1969), Ethnologe.

Gustav-Seidel-Gasse – Gustav Seidel (1816–1887), von 1878 bis 1887 Bürgermeister von Hacking.

Gutzkowplatz – Karl Gutzkow (1811–1878), Dichter.

Hackinger Hof, Hackinger Kai und **Hackinger Straße** – Hacking wird schon 1156 urkundlich erwähnt. 1168 war es im Besitz der Herren von Hacking, deren Geschlecht vor 1500 ausstarb.

Hagenbergergasse – Der Hagenberg (auch Hackenberg) ist der Grenzberg zwischen Ober St. Veit und Lainzer Tiergarten.

Hanschweg – Anton Hansch (1813–1876), Landschaftsmaler.

Hanselmayergasse – Franz Hanselmayer (1815–1906), der letzte Bürgermeister des Ortes Hietzing und der erste Bezirksvorsteher nach der Eingemeindung im Jahre 1892.

Hansi-Niese-Weg – Hansi Niese (1875–1934), beliebte Wiener Volksschauspielerin.

Hedy-Urach-Gasse – Hedy Urach (1910–1943), österreichische Freiheitskämpferin, von den Nationalsozialisten hingerichtet.

Heimschollegasse – »Heimscholle«, Bau-, Wohn- und Siedlungsgenossenschaft.

Hentschelgasse – Karl Hentschel (1827–1898), 1873 bis 1891 Bürgermeister von Ober St. Veit.

Hermesstraße – Nach der Bildsäule des griechischen Handelsgottes »Hermes« in der Hermesvilla im Lainzer Tiergarten.

Hetzendorfer Straße – Hetzendorf wird urkundlich schon 1100 Hitlingdorf genannt und 1190 als Hercendorf erwähnt. Der Ort gehört zum 12. Bezirk, nur das letzte Stück der Straße liegt im 13. Bezirk.

Heubergergasse – Richard Heuberger (1850–1914), Opern- und Operettenkomponist, größter Erfolg »Der Opernball«.

Hevesigasse – Ludwig Hevesi (1842–1910), Kunstkritiker, Feuilletonist und Förderer der »Wiener Secession«.

Hietzinger Hauptstraße – Hietzing wird erstmals 1130 als Hezingen urkundlich erwähnt.

Hietzinger Kai – Kaistraße in Hietzing entlang des Wienflusses und der Stadtbahnmauer.

Himmelbaurgasse – Dr.Isidor Himmelbaur (1858 bis 1919), Direktor der Universitätsbibliothek. Er erwarb sich große Verdienste um das Volksbildungswesen.

Himmelhofgasse – Nach dem Wirtschaftshof, der Meierei und der Gaststätte »Zum Himmel«.

Hirschensteig – Nach dem Hirschenbestand im Lainzer Tiergarten.

Hirschfeldweg – Dr. Robert Hirschfeld (1858–1914), Begründer der Volkskonzerte mit klassischem Programm.

Hochheimgasse – Sieg der Österreicher am 7. November 1813 bei Hochheim (Hessen-Nassau) gegen Napoleon.

Hochmaisgasse – Alter Flurname.

Hofjägerstraße – Auffahrtsstraße der Hofjäger zu den Hofjagden im Lainzer Tiergarten.

Hofjagdstraße – Nach den Hofjagden.

Hofwiesengasse – Alter Flurname.

Horeischygasse – Dr. Kurt Horeischy (1913–1945), Chemiker und Physiker, wurde am 5. April 1945 im I. Chemischen Universitäts-Institut beim Versuch, das Elektronenmikroskop vor der Zerstörung zu schützen, von einem Nationalsozialisten ermordet.

Hügelgasse und Hügelpark – Karl Alexander Anselm Freiherr von Hügel (1795–1870), Naturforscher und Reiseschriftsteller.

Hummelgasse – Johann Nepomuk Hummel (1778 bis 1837), Komponist (Klavierkonzerte, Sonaten, Messen, Klavierschule), Schüler Mozarts.

Ignaz-Born-Weg – Ignaz von Born (1742–1791), Mineraloge und Chemiker.

In der Hagenau – Alter Flurname.

Innocentiagasse – Ordenschwester Innocentia Pögel (1824–1907), 40 Jahre Oberin im Elisabethinum in Ober

St. Veit, Leiterin der Ober St. Veiter Kinderbewahr-anstalt.

Jagdschloßgasse – Um 1830 befand sich in Lainz ein kaiserliches Jagdschloß.

Jagicgasse – Dr. Vratoslav Jagić (1838–1923), Professor für Slawistik an der Universität Wien.

Jakob-Stainer-Gasse – Jakob Stainer (1621–1683), berühmter Tiroler Geigenbauer.

Janneckgasse – Franz Christoph Janneck (1703 bis 1761), österreichischer Barockmaler.

Jaunerstraße – Franz Jauner (1832–1900), Schauspieler, Regisseur, Operndirektor und schließlich Direktor des Ringtheaters, das 1881 abbrannte.

Jenbachstraße – Bela Jenbach (1871–1943), Schauspieler und Operettenlibrettist.

Jennerplatz – Edward Jenner (1749–1823), englischer Arzt, entdeckte 1796 die Pockenschutzimpfung.

Jodlgasse – Professor Dr. Friedrich Jodl (1849–1914), Philosoph.

Jörsgasse – Dr. Paul Jörs (1856–1925), Professor für Römisches Recht an der Wiener Universität.

Josef-Gangl-Gasse – Josef Gangl (1868–1916), sudetendeutscher Dichter.

Josef-Heinzl-Gasse – Josef Heinzl (1869–1923), Landtagsabgeordneter und Gewerkschaftsvertreter der Metallarbeiter.

Josef-Kyrle-Gasse – Dr. Josef Kyrle (1880–1926), Facharzt für Hautkrankheiten und Professor an der Universität Wien.

Josef-Pommer-Gasse – Dr. Josef Pommer (1845 bis 1918), Begründer der österreichischen Volksliederforschung.

Josef-Schuster-Gasse – Josef Schuster (1812–1890), österreichischer Blumenmaler.

Joseph-Lister-Gasse – Joseph Baron Lister of Lyme Regis (1827–1912), englischer Chirurg, Entdecker des antiseptischen Verfahrens.

Käthe-Leichter-Gasse – Dr. Käthe Leichter, geborene Pick (1895–1942), Nationalratsabgeordnete, Mitglied des Frauenzentralkomitees der Sozialistischen Partei Österreichs und Leiterin des Frauenreferates in der Arbeiterkammer; von den Nationalsozialisten ermordet.

Kalmanstraße – Emmerich Kálmán (1882–1953), Operettenkomponist, u. a. »Die Csárdásfürstin«, »Gräfin Mariza«.

Kardinal-Piffl-Gasse – Dr. Friedrich Gustav Piffl (1864 bis 1932), Kardinal-Erzbischof von Wien.

Karl-Schallhas-Gasse – Karl Schallhas (1767–1797), Maler und Radierer.

Karl-Wilhelm-Diefenbach-Gasse – K. W. Diefenbach (1851–1913), Maler.

Keplingergasse – Dora Keplinger-Eibenschütz (1876 bis 1949), beliebte Soubrette.

Kernhausgasse – Kernhaus, Art eines Hausbaues, die einen späteren Ausbau erleichterte.

Kirchmayergasse – Josef Kirchmayer (1837–1912), von 1891 bis 1895 Gemeinderat.

Kleiner Ring – Ringförmige Anordnung der Straße.

Klippenweg – Nach den Ober St. Veiter Jura-Klippen.

Klitschgasse – Wilhelm Klitsch (1882–1941), Schauspieler.

Köchelgasse – Ludwig Ritter von Köchel (1800–1877) Schulrat, Natur und Musikforscher, schuf das nach ihm benannte Verzeichnis der Werke Mozarts.

Kögelngasse – Alter Flurname.

Königgasse – Otto König (1833–1920) Wiener Bildhauer.

Konrad-Duden-Gasse – Konrad Duden (1829–1911),

Gymnasialdirektor, Sprachforscher und Gründer der deutschen Einheitsrechtschreibung.

Kopfgasse – Josef Kopf (1829–1895), Baumeister und Gemeinderat von Hietzing.

Kraelitzgasse – Dr. Friedrich Kraelitz-Greifenhorst (1876–1932), Professor für Orientalistik an der Universität Wien.

Kramer-Glöckner-Straße – Josefine Kramer-Glöckner (1874–1954), Volksschauspielerin.

Kremsergasse – Anton Kremser (1811–1879), Gastwirt und Bürgermeister von Hietzing.

Küniglberggasse – Wolfgang Künigl, kaiserlicher Prokurator, verwaltete 1547 die Güter der Pfarre Hütteldorf.

Kugygasse – Julius Kugy (1858–1945), österreichischer Alpinist.

Kupelwiesergasse – Leopold Kupelwieser (1796 bis 1862), Maler, Professor an der Akademie der Bildenden Künste, u. a. zahlreiche Altarbilder (Meidling, Altlerchenfeld, Lichtental, Peterskirche u. a.) und Porträts (z. B. Kaiser Franz I., Franz Schubert).

Lafitegasse – Professor Carl Lafite (1872–1944), Komponist und Musikpädagoge.

Lainzerbachstraße – Der Lainzerbach hat im Tiergarten seinen Ursprung.

Lainzer Straße – Nach der Ortschaft Lainz.

Larochegasse – Karl Ritter von La Roche (1794–1884), Hofschauspieler.

Laverangasse – Charles Laveran (1845–1922), französischer Arzt, Entdecker des Malariaerregers. 1907 bekam er den Nobelpreis.

Leitenwaldplatz – Nach dem »Leitenwald« im Lainzer Tiergarten.

Leon-Kellner-Weg – Dr. Leon Kellner (1859–1928), Professor für Anglistik an der Universität Wien.

Lilienberggasse – Christian Abele von und zu Lilienberg (1628–1685), Staatsmann und Besitzer der Herrschaft Hacking.

Linienamtsgasse – Nach dem seinerzeitigen Linienamtsgebäude.

Linkweg – Antonie Link (1853–1931), Opern- und Operettensängerin.

Linzackergasse – Alter Flurname, der bereits 1407 erwähnt wird.

Löfflergasse – Friedrich Löffler (1852–1915), Hygieniker, Entdecker des Diphtheriebazillus.

Lynkeusgasse – Josef Lynkeus (Pseudonym für Popper) (1838–1920), sozialphilosophischer Schriftsteller. Hauptwerk: »Die allgemeine Nährpflicht als Lösung der sozialen Frage« (1912).

Madjeragasse – Dr. Wolfgang Madjera (1868–1926), Schriftsteller, schrieb Gedichte, Märchen und Dramen.

Malfattisteig – Dr. Johann Malfatti Edler von Monteregio (1775–1859), Arzt, gründete die Gesellschaft der Ärzte in Wien 1837.

Mantlergasse – Josef Mantler (1845–1892), Oberlehrer in Unter St. Veit.

Mariensteig – Am Rande des im Lainzer Tiergarten entspringenden Marienbaches.

Markwardstiege – Markward von Hacking, im 12. Jahrhundert Besitzer von Hacking.

Matrasgasse – Josef Matras (1832–1887), Volksschauspieler.

Maxingpark und Maxingstraße – Max Ferdinand, Erzherzog von Österreich (1832–1867), Bruder Kaiser Franz Josephs I., wurde als Kaiser Max von Mexiko zu Queretaro am 19. Juni 1867 erschossen.

Maygasse – Josef May (1755–1820), Direktor der Taubstummenanstalt in Wien.

Meillergasse – Andreas von Meiller (1819–1871), Geschichtsforscher.

Melchartgasse – Matthäus Melchart (1790–1866), Schulrat und Bürgermeister von Lainz in den Jahren 1848 bis 1859.

Meytensgasse – Martin von Meytens, Hofmaler Kaiser Karls VI. und Direktor der kaiserlichen Akademie für Bildende Kunst.

Mittermayergasse – Matthias Mittermayer, um 1679 Münzmeister, Wohltäter der Lainzer Kirche.

Modl-Toman-Gasse – Gabriele Modl-Toman, gestorben 1848, Operettensängerin.

Mögelegasse – Franz Mögele (1834–1907), Operettenkomponist.

Montecuccoliplatz – Albert Raimund Graf von Zeno Montecuccoli (1609–1680), kaiserlicher Feldherr im Dreißigjährigen Krieg, kämpfte gegen Türken und Franzosen.

Montevideogasse – Nach der Hauptstadt von Uruguay. Nach dem Ersten Weltkrieg kamen von dort Spenden für die Wiener Bevölkerung zur Linderung der Not.

Mühlbachergasse – Dr. Engelbert Mühlbacher (1843 bis 1903), Universitätsprofessor u. Geschichtsforscher.

Münichreiterstraße – Karl Münichreiter (1891–1934), Schuhmacher; wegen seiner Teilnahme an den Kämpfen im Februar 1934 auf seiten des Republikanischen Schutzbundes trotz schwerer Verletzung vom autoritären Regime hingerichtet.

Nästlbergergasse – Robert Nästlberger (1886–1942), Schauspieler und Operettenlibrettist.

Napoleonwaldgasse – Der »Napoleonwald« erhielt seinen Namen, weil dort während des Aufenthaltes von Napoleon im Schloß Schönbrunn Bäume für die Heizung des Schlosses geschlägert wurden.

Neblingergasse – Jakob Neblinger (1817–1884), Ehrenbürger von Unter St. Veit, gründete eine Armenstiftung.

Neue-Welt-Gasse – »Neue Welt«, Vergnügungspark.

Neukommweg – Sigismund Neukomm (1778–1858), Komponist, Schüler Joseph Haydns.

Nikolausgasse – Führt zum Nikolaustor des Lainzer Tiergartens.

Nothartgasse – Franz Nothart (1808–1897), Bürgermeister von Lainz und Gemeinderat von Wien.

Novalisgasse – Friedrich Leopold Freiherr von Hardenberg (Pseudonym Novalis) (1772–1801), romantischer Dichter.

Olmagasse – Berta Olma, Operettensängerin.

Opitzgasse – Pater Ambros Opitz (1846–1907), sozialpolitischer Volksschriftsteller, Begründer der Zeitung »Reichspost« (1893).

Oskar-Jascha-Gasse – Oskar Jascha (1881–1948), Operettenkomponist und Kapellmeister am Theater an der Wien.

Otto-Weininger-Gasse – Otto Weininger (1880–1913), Philosoph und Psychologe, Hauptwerk »Geschlecht und Charakter«.

Overbeckgasse – Johann Friedrich Overbeck (1789 bis 1869), Maler der romantischen Schule.

Pacassistraße – Nikolaus Freiherr von Pacassi (1716–1790), Kaiserin Maria Theresias Hofarchitekt, vollendete den Bau des Schlosses Schönbrunn.

Pallenbergstraße – Max Pallenberg (1877–1934), Schauspieler.

Palmaygasse – Illka von Palmay, verheiratete Gräfin Kinsky, bekannte Soubrette.

Paoliweg – Betty Paoli (Pseudonym für Barbara Elise Glück, 1814–1894), Dichterin.

Pfeiffenbergergasse – Michael Pfeiffenberger (1831–1892), der letzte Bürgermeister von Hacking.

Pflieglergasse – Dr. Michael Pfliegler (1891–1972), Professor für Theologie und Philosophie an der Universität Wien.

Possannergasse – Dr. Gabriele Possanner (1860 bis 1940), die erste Ärztin in Österreich.

Prehausergasse – Gottfried Prehauser (1699–1769), Wiener Volksschauspieler.

Preindlgasse – Josef Preindl (1756–1823), Komponist und Hofkapellmeister.

Preleuthnersteig – Johann Preleuthner (1807–1897), Wiener Bildhauer.

Premreinergasse – Michael Premreiner (1797–1879), Ortsrichter und erster Bürgermeister von Ober St. Veit.

Preyergasse – Gottfried Preyer (1807–1901), Komponist, Hoforganist und Kapellmeister zu St. Stephan.

Pröllgasse – Martin Pröll (1792–1863), um 1840 Ortsrichter von Hacking.

Promenade – Am rechten Wientalufer.

Püttlingengasse – Dr. Johann Freiherr Vesque von Püttlingen (1803–1883), Rechtsgelehrter, Komponist und Staatsmann, war auch unter dem Decknamen J. Hoven bekannt.

Puntigamgasse – Pater Anton Puntigam (1859–1926), Seelsorger und Schriftsteller.

Ranzenhofergasse – Emil Ranzenhofer (1864–1930), Maler und Radierer.

Raschgasse – Johann Rasch, im 16. Jahrhundert Schulmeister bei den Schotten.

Ratmannsdorfgasse – Die Familie Ratmannsdorf besaß in den Jahren 1557 bis 1622 die Herrschaft Lainz.

Reischergasse – Anton Reischer (1869–1950), Schuldirektor, Fürsorgerat von 1899 bis 1920 und Bezirksrat von 1909 bis 1920, außerdem im Feuerwehr- und Rettungswesen tätig.

Riedelgasse – Josef Gottfried Ritter von Riedel (1803–1870), Direktor der Lainzer Irrenanstalt, die er auch neu gestaltete.

Rohrbacherstraße – Josef Rohrbacher (1817–1883) gründete die Wagenfabrik in Ober St. Veit.

Rohrergasse – Johann Rohrer (1649–1727), Richter, Bergmeister und Hauer in Mauer. »Rohrer« ist die älteste nachweisbare Familie in Mauer.

Rosenhügelstraße – Alter Flurname.

Rossinigasse – Gioacchino Rossini (1792–1868), italienischer Opernkomponist (»Der Barbier von Sevilla«).

Rotenberggasse – Nach dem Roten Berg.

Rußpekgasse – Thimo von Rußpek und seine Nachkommen waren etwa in der Zeit von 1260 bis 1360 Besitzer von Hacking.

Rußweg – Karl Ruß (1779–1843) und Leander Ruß (1809–1864), Historienmaler.

Sankt-Hubertus-Gasse und -platz – Nach dem heiligen Hubertus, dem Schutzpatron der Jäger.

Sankt-Veit-Gasse – Nach der Ortschaft St. Veit.

Satgasse – SAT = Siedlungsgenossenschaft Auhofer Trennstück.

Saulackenweg – Saulacken werden sumpfige Stellen im Hörndlwald und im Lainzer Tiergarten genannt.

Sauraugasse – Franz Josef Graf von Saurau (1760–1832), Besitzer der Herrschaft Lainz.

Schirnböckgasse – Ferdinand Schirnböck (1860 bis 1930), Kupferstecher.

Schlägergasse – Antonie Schläger, verehelichte Baronin von Theumer (1859–1910), Hofopernsängerin.

Schlehenweg – Nach den Schlehenbüschen in der Umgebung.

Schließmanngasse – Hanns Schließmann (1852–1920), Illustrator des Wiener Volkslebens.

Schloßberggasse – Zufahrt zum Hackinger Schloß.

Schluckergasse – Philipp Schlucker (1747–1820), Erbauer der Lainzer Tiergartenmauer.

Schmardagasse – Dr. Ludwig Karl Schmarda (1819 bis 1908), Zoologe und Professor an der Universität Wien.

Schönbachstraße – Dr. Anton E. Schönbach (1848 bis 1921), Literaturhistoriker und Professor an der Universität Wien.

Schönbrunner Schloß-Straße – Nach dem Schloß Schönbrunn.

Schrutkagasse – Dr. Emil von Schrutka (1852–1918), Rechtsgelehrter und Professor für österreichisches Zivilprozeßrecht an der Universität Wien.

Schweizertalstraße – Nach den dort erbauten Villen im Schweizerstil.

Sebastian-Brunner-Gasse – Dr. Sebastian Brunner (1814–1893), Prälat, Schriftsteller und Gelehrter.

Seelosgasse – Gottfried Seelos (1829–1900), österreichischer Landschaftsmaler.

Seifertstraße – Andreas Seifert (Seiffert, 1748–1832), Landwirt, erwarb die Einsiedelei mit dem Schankrecht.

Seuttergasse – Friedrich Karl Seutter von Lötzen (1820–1892), Fabrikant und Wohltäter.

Sillergasse und Sillerplatz – Franz Josef Siller (1893–1924), Präsident des Kleingärtner-, Siedler- und Kleintierzüchtervereines Österreichs.

Slatingasse – Rudolf Karl Freiherr von Slatin Pascha (1857–1932), Afrikaforscher, Gouverneur des Sudan.

Sommerergasse – Rudolf Sommerer (1838–1918), Oberlehrer und Gemeinderat von Ober St. Veit.

Sonnenbergweg – »Sonnenberg«-Schrebergartenverein.

Sonnenweg – Alter Kleingartenweg.

Sorgogasse – Dr. Josef Sorgo (1869–1950), Internist, Universitätsprofessor.

Speisinger Straße – Nach der ehemaligen Ortschaft Speising.

Spitzweggasse – Carl Spitzweg (1808–1885), romantischer Maler des deutschen Kleinstadtlebens.

Spohrstraße – Ludwig Spohr (1784–1859), Komponist (Opern, Symphonien, Lieder, Violinschule), Kapellmeister am Theater an der Wien.

Stachlgasse – Hans Jakob Stachl (1725–1803), Tischlermeister und von 1781 bis 1782 Richter in Mauer.

Stadlergasse – Maximilian Stadler (1748–1833), Komponist und Abt von Altlerchenfeld, dann Abt von Kremsmünster und Lilienfeld.

Stampfergasse – Simon Stampfer (1792–1864), Mathematiker und Naturforscher.

Steckhovengasse – Adrian Steckhoven (1705–1762), holländischer Gartenarchitekt, hat gemeinsam mit Ferdinand Hetzendorf von Hohenberg den Schönbrunner Schloßpark in seiner heutigen Form gestaltet.

Steinhardtgasse – Dr. Oskar Steinhardt (1909–1955), Dozent für Herz- und Gefäßchirurgie.

Steinklammergasse – Seit 1697 ansässige Hauerfamilie in Mauer.

Steinlechnergasse – Altansässige Familie in Lainz.

Stiglitzgasse – Seit 1683 in Mauer ansässige Familie.

Stock im Weg – Alter Flurname, der bereits 1885 erwähnt wird.

Stoesslgasse – Otto Stoessl (1875–1936), österreichischer Dichter (Romane, Novellen, Gedichte, Essays).

Strampfergasse – Friedrich Strampfer (1827–1890), Schauspieler und Direktor des Strampfertheaters, eines Unterhaltungstheaters im 1. Bezirk, Tuchlauben 12.

Stranzenberggasse und Stranzenbergbrücke – Alter Flurname, der bereits 1418 erwähnt wird.

Streckerplatz und Streckerpark – Alexander Strecker (1816–1908), Bürgermeister von Ober St. Veit.

Streitmanngasse – Karl Streitmann (1853–1937), Operettentenor.

Stuweckengasse – Alter Flurname.

Suppégasse – Franz von Suppé (1819–1895), Operettenkomponist (»Die schöne Galathée«, »Leichte Kavallerie«, »Fatinitza«, »Boccaccio« u. a.), Lied »O du mein Österreich«.

Testarellogasse – Matthias Testarello della massa, Domherr und Geschichtsschreiber.

Tewelegasse – Franz Tewele (1842–1914), Komiker.

Thomas-Morus-Gasse – Thomas Morus (1478–1535), englischer Staatsmann und Sozialtheoretiker.

Tiroler Gasse – Nach der 1805 errichteten Gaststätte im Schönbrunner Park »Tiroler Garten«.

Titlgasse – Anton Emil Titl (1809–1882), Komponist (Opern, Lieder) und Orchesterdirektor am Burgtheater.

Tolstojgasse – Leo Graf Tolstoj (1826–1910), russischer Dichter, schrieb u. a. die Romane »Krieg und Frieden« und »Anna Karenina«.

Trabertgasse – Wilhelm Trabert (1863–1921), Meteorologe.

Trauttmansdorffgasse – Gräfin Therese Trauttmansdorff (1784–1847) gründete ein Armenhaus in Hietzing.

Tratzerberggasse – Nach dem Tratzerberg.

Treffzgasse – Henriette Treffz-Strauß (1818–1878), Opernsängerin und die erste Gattin von Johann Strauß Sohn.

Treumanngasse – Louis Treumann (1872–1943), Opernsänger.

Tuersgasse – Wilhelm Turss (oder Tuers) von Aspern,

von 1408 bis 1439 Dompropst in Wien und ließ die Ober St. Veiter Kirche erbauen.

Turgenjewgasse – Iwan Sergejewitsch Turgenjew (1818–1883), russischer Dichter, schrieb u. a. »Das Tagebuch eines Jägers« und »Väter und Söhne«.

Veitingergasse – »Veitinger Feld«, alter Flurname.

Veitlissengasse – Alter Flurname.

Versbachgasse – Mansuet Freiherr von Versbach-Hadamar (1845–1912), Korpskommandant und General der Kavallerie.

Versorgungsheimplatz und Versorgungsheimstraße – Nach dem Versorgungsheim, das 1902–1904 erbaut wurde.

Viktor-Leon-Gasse – Viktor Leon (1858–1940), Operettenlibrettist. (Heubergers »Opernball«, Lehárs »Die Lustige Witwe«, »Wiener Blut« nach Johann Strauß u. v. a.).

Vinzenz-Heß-Gasse – Vinzenz Heß (1807–1894), 1849–1878 Bürgermeister von Hütteldorf.

Vitusgasse – Benannt nach dem heiligen Vitus, Namenspatron den Ober St. Veiter Kirche.

Volkgasse – Georg Volk (1819–1901), Gemeinderat und Ehrenbürger von Hietzing.

Waldemarweg – Richard Waldemar (1869–1946), Operettenkomiker.

Waldvogelstraße – Oberingenieur Anton Waldvogel (1846–1917), Techniker der Donau-Dampfschiffahrts-Gesellschaft, verfaßte technische Fachschriften.

Wambachergasse – Franz Wambacher (1793–1871), begründete ein bekanntes Kaffeehaus, sein Sohn Karl (1824–1908) war Bürgermeister von Lainz.

Wattmanngasse – Karl Wattmann, Freiherr von Maelcomp-Beaulieu (1789–1866), Leibarzt Kaiser Ferdinand I. und Professor an der Universität Wien.

Weidlichgasse – Anton Weidlich (1813–1875), Bürgermeister von Hietzing.

Weinbergerplatz – Karl Rudolf Weinberger (1861 bis 1939), Operettenkomponist.

Weindorfergasse – Matthias Weindorfer (1694–1770), Hauer, 1761–1763 Richter in Mauer.

Weinrothergasse – Ferdinand Weinrother (1835 bis 1900), Bürgermeister von Speising.

Wenzgasse – Josef Wenz (1826–1892), Hofbaumeister und Gemeinderat von Hietzing.

Wientalstraße – Nach der Uferstraße des Wienflusses.

Wilhelm-Leibl-Gasse – Wilhelm Leibl (1844–1900), Maler.

Winkelbreiten – Alter Flurname.

Winzerstraße – Früher Weg von den Winzerhäusern zu den Weingärten.

Wittegasse – Stephan Witte (1809–1886), Ehrenbürger von Ober St. Veit, erwarb sich Verdienste um die Armenfürsorge.

Wittgensteinstraße – Hermann Christian Wittgenstein (1802–1878), kaufte 1856 die Herrschaft Mauer.

Wlassakstraße – Dr. Rudolf Wlassak (1865–1930), Primarius und Gründer der Arbeiter-Abstinenzbewegung.

Woinovichgasse – Emil Woinovich von Belobreska (1851–1927), General der Infanterie und Direktor des Kriegsarchivs.

Wolfrathplatz – Anton Wolfrath (1582–1639), ab 1631 Bischof von Wien, war der erste Bischof, der mit dem Titel eines Fürsten des Heiligen Römischen Reiches ausgezeichnet wurde.

Wolkersbergenstraße – Alter Riedname.

Woltergasse – Charlotte Wolter, verehelichte Gräfin O'Sullivan de Groß (1834–1897) Hofschauspielerin.

Würzburggasse – Zur Erinnerung an den Sieg der

Österreicher über die Franzosen in Würzburg (Bayern) am 3. September 1796.

Zamaragasse – Alfred Zamara, Operettenkomponist und Harfenvirtuose.

Zdarskyweg – Matthias Zdarsky (1856–1940), Alpinist und Wintersportpionier.

Zeifgasse – Seit 1683 in Mauer ansässige Familie.

Zenzlsteig – »Zenzl«, der Rufname des Ober St. Veiter Lokalschriftstellers Josef Vinzenz.

Zillehof – Heinrich Zille (1858–1929), deutscher Graphiker, dessen Motive vorwiegend aus dem Milieu des Berliner Proletariats stammten.

Zwerenzweg – Mitzi Zwerenz (1881–1947), Operettensängerin.

Nachwort

Wir haben uns bemüht, den 13. Bezirk in seiner historischen Entwicklung und in seiner Vielfalt – vom Kaiserschloß Schönbrunn bis zum Zigeunerdörfl, vom Pflegeheim Lainz bis zum Lainzer Tiergarten – darzustellen. Es ging uns dabei um ein Buch, das wissenschaftlich einwandfrei, aber doch kein wissenschaftliches Werk im eigentlichen Sinne ist, sondern ein Lesebuch für alle, die diesen Bezirk lieben. Ob uns das gelungen ist, werden die Leser beurteilen. Wir sind jedenfalls für Kritik und Anregungen, die wir in einer eventuellen zweiten Auflage verwerten können, dankbar.

Danken dürfen wir jetzt schon allen, die uns bei unserer Arbeit geholfen haben:

Herrn Bezirksvorsteher Eugen Gutmannsbauer für tatkräftige Unterstützung,

Herrn Direktor Emil Mlejnek, Frau Hilda Müller und Herrn Rudolf Hübner vom Bezirksmuseum Hietzing, die uns viele Unterlagen, Informationen und Photos zur Verfügung gestellt haben,

Herrn Amtsrat Franz Christoph, dem Leiter des Büros der Bezirksvorstehung, der in seiner Hilfsbereitschaft unermüdlich war,

Herrn Direktor Dr. Felix Czeike und seinen Mitarbeitern im Wiener Stadt- und Landesarchiv sowie Frau Professor Dr. Josefine Nast und ihren Kolleginnen und Kollegen von der Wiener Stadt- und Landesbibliothek für fachliche Beratung,

Herrn Dr. Heinz Ballik vom städtischen Forstbetrieb für Unterlagen und Photos vom Lainzer Tiergarten,

Herrn Dr. Ortolf Harl vom Historischen Museum der Stadt Wien für komplette Unterlagen über frühgeschichtliche Forschungen,

Herrn Adolf Haider vom Kulturamt der Stadt Wien für Material und Beratung,

Herrn Wolfgang Kraus vom Fremdenverkehrsverband Wien für prompte und zuverlässige Hilfe,

Herrn Günther Andexlinger von der Landesbildstelle der Stadt Wien für raschen Einsatz unter schwierigen Voraussetzungen,

und vor allem Frau Auguste Glasauer und Herrn Johann Brennig für wertvolle Berichte, Dokumente und Photos.

Nicht zuletzt danken wir dem Verlag, der es uns ermöglicht hat, dieses Buch herauszubringen. Ein Bezirksbuch, das sich naturgemäß an einen begrenzten Leserkreis wendet, kann kein Bestseller werden und stellt für den Verlag ein Risiko dar. Deshalb ist auch dieser Dank angezeigt.

Wenn es uns gelungen ist, in der Reihe der Publikationen über die Wiener Lokalgeschichte eine Lücke zu füllen, dann ist unser Ziel erreicht.

Die Verfasser

Quellenverzeichnis

Amon, Rudolf: »Der Lainzer Tiergarten und seine Umgebung.« Verlag für Jugend und Volk, Wien 1930.

Amon, Rudolf: »Der Lainzer Tiergarten einst und jetzt.« Schulwissenschaftlicher Verlag A. Haase, Wien – Leipzig – Prag 1923.

Amon, Rudolf: »Rund um die Hermesvilla.« Herausgegeben vom Verein Wiener-Wald-Schutz, Wien 1927.

Becker, Dr. Anton, und **Biffl,** Fritz: »Führer für Lehrausflüge in die Umgebung von Wien.« Verlag Franz Deuticke, Wien 1914.

Beetz, Dr. Wilhelm: »Die Hermes-Villa in Lainz.« Gerlach und Wiedling, Wien 1929.

Bobek, Hans, und **Lichtenberger,** Elisabeth: »Wien – Bauliche Gestaltung und Entwicklung seit der Mitte des 19. Jahrhunderts.« Verlag Hermann Böhlaus Nachf., Graz – Köln 1966.

Calvi, Primo: »Darstellung des politischen Bezirkes Hietzing Umgebung durch umfassende Beschreibung aller Dörfer, Ortschaften, Kirchen, Schulen, Schlösser, Anstalten und bemerkenswerte Objecte.« Selbstverlag, Wien 1901.

Catalog der dritten Hunde-Ausstellung in Österreich ... in der neuen Welt zu Hietzing. Verlag Ferdinand Ullrich, Wien 1868.

Czeike, Felix: Das große Groner Wien-Lexikon. Verlag Fritz Molden, Wien 1974.

Das Kaiser-Jubiläums-Spital der Gemeinde Wien. Gedenkbuch. Gerlach und Wiedling, Buch- und Kunstverlag, Wien 1913.

Daten über den 13. Bezirk. Magistrat der Stadt Wien, 1975.

Dehio – Handbuch: »Die Kunstdenkmäler Österreichs. Wien.« Von Justus Schmidt und Hans Tietze, neu bearbeitet von Anton Macku und Erwin Neumann. Verlag Anton Schroll & Co., Wien–München 1973.

Ellenberger, Hugo: »Wiener Musikergedenkstätten.« Österreichischer Bundesverlag, Wien – München 1960.

Erster Jahresbericht des k. k. Staats-Gymnasiums im XIII. Bezirke. Verlag des k. k. Staatsgymnasiums im XIII. Bezirke Wiens. 1901.

Festschrift des Ober-St. Veiter Männergesangvereins. Wien 1930.

Filek, Egid von: »Komm mit nach Schönbrunn.« Wiener Verlag 1947.

Gräffer, Franz: »Kleine Wiener Melodien und Wiener Dosenstücke«. Herausgegeben von Anton Schlosser und Gustav Gugitz. Verlag Georg Müller, München, Band I 1918, Band II 1922.

Hajós, Géza: »Schönbrunn«. Paul Zsolnay-Verlag, Wien – Hamburg 1976.

Haubner, Franz, **Stromer,** Franz, und **Puraner,** August jun.: »Ober St. Veit«. Verlag der Freiwilligen Feuerwehr Ober St. Veit, Wien 1921.

Häuser-Verzeichnis der Gemeinde Unter St. Veit.

»Hietzing«, Ein Heimatbuch des 13. Wiener Gemeindebezirkes (2 Bände). Herausgegeben von der Arbeitsgemeinschaft für Heimatkunde in Hietzing. Österreichischer Bundesverlag für Unterricht, Wissenschaft und Kunst, Wien 1925.

Hilscher, Karl, und **Eigner,** August: »Schloß und Park Schönbrunn in Wien«. Verlag Gerlach & Wiedling, Wien 1924.

Hirt, Julius: »Chronik von Ober St. Veit.« Selbstverlag, Wien 1955.

Hrdlicka, Erich: »Kennst Du die Denkmäler Wiens?« Verlag A. Pechan, Wien–München–Zürich 1954.

100 Jahre Wiener Tramway. Festschrift, herausgegeben von Wiener Stadtwerke-Verkehrsbetriebe, Wien 1968.

Javorsky, Friedrich: Lexikon der Wiener Straßennamen. Verlag Jugend und Volk, Wien–München 1964.

Kapner, Gerhardt: »Freiplastik in Wien«. Verlag Jugend und Volk, Wien–München 1970.

Klaar, Adalbert: »Die Siedlungsformen Wiens«. Paul Zsolnay-Verlag, Wien–Hamburg 1971.

Klusacek, Christine: »Wien kurz gefaßt.« Verlag Jugend und Volk, Wien–München 1975.

Kosetschek, Ingrid: »Hietzing als Sommerfrische und Ausflugsziel im Vormärz.« Hausarbeit, Wien 1965.

Kraft, Dr. Josef: »Aus der Vergangenheit von Ober-St. Veit.« Europäischer Verlag, Wien 1952.

Loidl, Dr. Franz: »Invalidenhauskirche«, Verlag Julius Lichtner, Wien 1948.

Mailler, Hermann: »Frau Schratt, ein Lebensbild.« Steffel-Verlag, Wien 1947.

Markl, Hans: »Die Gedenktafeln Wiens.« A.B.Z.-Verlag, Wien 1948.

Mlejnek, E.: »Hietzing im Wandel der Zeiten.« Artikelreihe in »Bezirksjournal Hietzing«, 1975–1977.

Naturdenkmal Verzeichnis, Einzelnaturdenkmäler Wiens. Herausgeber: Stadt Wien – Magistratsabteilung 22, 1975.

Naturgeschichte Wiens. Herausgegeben von einer Arbeitsgemeinschaft im Institut für Wissenschaft und Kunst. 4 Bände. Verlag Jugend und Volk, Wien–München 1974.

Nestroy, Johann: Sämtliche Werke. Historisch-kritische Gesamtausgabe, herausgegeben von Fritz Brukner und Otto Rommel, Verlag Anton Schroll & Co., Wien 1927.

Neugebauer, Dr. Wolfgang, und **Steiner,** Prof. Dr. Herbert: »Widerstand und Verfolgung in Wien 1934–1945.« Österreichischer Bundesverlag für Unterricht, Wissenschaft und Kunst, Jugend und Volk, Verlagsges. mbH., Wien 1975.

Perfahl, Jost: »Wien Chronik.« Verlag »Das Bergland-Buch«, Salzburg–Stuttgart 1961.

Perhab, Theodor: »Hietzing – Vergangenheit und Gegenwart« verlegt von Bezirksvorstehung für den 13. Bezirk.

Rodt, Norbert: »Kirchenbauten in Wien 1945–1975.« Wiener Dom-Verlag, Wien 1976.

Schneiderreit, Otto: »Operette von Abraham bis Ziehrer.« Henschelverlag Kunst und Gesellschaft, Berlin 1966.

Stadtbauamt – »Die Tätigkeit des Wiener Stadtbauamtes und der städtischen Unternehmungen technischer Richtung in der Zeit von 1935–1965.« Herausgegeben vom Wiener Stadtbauamt, Wien 1974.

Statistisches Jahrbuch der Stadt Wien. Jahrgänge 1945–1975.

Tomiczek, Dr. Herbert: »Der Lainzer Tiergarten.« Im Notring-Jahrbuch 1962, Verlag Notring der Wissenschaftlichen Verbände Österreichs, Wien.

Tomiczek, Dr. Herbert: »Der Lainzer Tiergarten, seine Entstehung und Entwicklung«, Zeitschrift »Stadt Wien«, 28/1965.

Vinzenz, Josef: »Erlebtes und Erlauschtes aus Wiens Vorstadt.« Im Eigenverlag, Wien 1956.

Weinzettl, Walter: »Hietzing. Beiträge zur Wirtschafts- und Sozialgeschichte des Ortes bis zum Beginn des 19. Jahrhunderts.« Dissertation, Wien 1949.

Weinzettl, Walter: »Hietzing. Seine siedlungs- und sozialgeschichtliche Entwicklung bis 1820« in »Jahrbuch des Vereines für Geschichte der Stadt Wien«, Band 10, Verlag Jugend und Volk, Wien 1953.

Winkler, Dr. Arnold: »Hietzing und das k. k. Lustschloß Schönbrunn.« Verlag Edmund Schmid, Wien 1911.

Register

Die Übersichtskapitel (Denkmäler, Gedenktafeln, Naturdenkmäler, Hietzinger Straßen- und Gassennamen) sowie das Nachwort und das Quellenverzeichnis sind im Register nicht berücksichtigt.